세무사와 감정평가사가 알려주는 **나의**
토지수용보상금
지키기

나의 토지수용보상금 지키기

2019년 10월 25일 초판 발행
2024년 3월 20일 5판 발행

지 은 이 | 이장원 · 이성호 · 김강산
발 행 인 | 이희태
발 행 처 | 삼일인포마인
등록번호 | 1995.6.26.제3 - 633호
주   소 | 서울특별시 용산구 한강대로 273 용산빌딩 4층
전   화 | 02)3489 - 3100
팩   스 | 02)3489 - 3141
가   격 | 20,000원

ISBN   979 - 11 - 6784 - 241 - 1   93320

최신 세법 반영
개정판

세무사와 감정평가사가 알려주는 **나의**
토지수용보상금
지키기

이장원 · 이성호 · 김강산 지음

SAMIL | 삼일인포마인

머리말

전국에서 동시다발적으로 일어나는 공익수용사업에 있어 공익수용을 처음 접하는 토지소유자는 익숙하지 않은 공익수용 절차부터 수용보상금 증액 관련 소송까지 챙겨야 할 일이 산적하게 됩니다.

이러한 상황에서 많은 분들이 수용에 따른 세금을 많이 간과하고는 합니다. 공익수용은 일반적인 양도소득세와 달리 필수 검토사항이 많으며, 다양한 세제혜택을 놓치지 않아야 더 큰 절세가 됩니다. 그리고 이는 곧 만족할만한 수용보상금의 수령으로 이어집니다.

수도권뿐만 아니라 전라도 및 경상도에서 이루어지는 다양한 수용사업 경험을 통해 수용 세금상담을 진행하고 있습니다. 하지만 공익수용지소유자 각자의 수용절차에 대한 이해 및 세법 지식이 천차만별이어서 짧은 시간 내에 각 토지소유자의 상황에 맞는 적합한 절세비법을 제공함에 많은 어려움을 겪었습니다. 이를 계기로 공익수용 토지소유자 및 토지보상 대책위원회 관계자가 쉽게 이해할 수 있는 수용보상금 절세가이드북을 만들고자 마음을 먹고 책을 집필하게 되었습니다. 공익수용의 토지소유자 및 토지보상대책위원회 관계자분들에게 이 책이 조그마한 도움이라도 되길 바라며, 부족한 부분에 대해서는 따끔한 질타도 부탁드리겠습니다.

집필에 큰 도움을 주었던 건 존경하는 스승님인 안수남 대표님의 가르침을 빼놓을 수 없습니다. 이 자리를 빌려 진심으로 감사함을 전하며, 사랑하는 가족들과 지인들에게도 감사함을 전합니다. 마지막으로 옆에서 항상 진심어린 충고와 격려를 주었던 아내와 가족들에게 깊은 감사를 전합니다.

송파에서 2024년 2월
저자 이장원

머리말

전국에서 동시다발적으로 수용사업이 진행되고 있고, 토지소유자분들께서 토지수용으로 내 세금이 어떻게 될지 깊은 관심을 갖고 저자에게 문의하십니다. 공익수용사업은 항상 공익적 측면와 재산권 침해라는 사익적 측면에서 항상 이슈가 뜨겁습니다.

토지수용을 상담하면서 내담자에게 드리고 싶은 불변의 말씀은 양도소득세는 절대 고정된 세금이 아니라는 점입니다. 지난 수년간 수용대상 토지의 운용형태, 면적 등이 주변의 다른 수용대상 토지와 유사하더라도 토지소유자가 처한 개별적인 상황에 따라 양도소득세는 천차만별로 달라집니다. 양도소득세는 토지보상이라는 사실에 대해 세법상 어떤 감면규정을 적용할지 사후적으로 판단하는 것이 아니라 토지소유자의 보상금 운용계획, 수용대상 외 보유자산에 대한 정보 등을 토대로 종합적인 절세계획을 수립해가는 절차이기 때문입니다.

이번 수용관련 책 작업을 통해 토지소유자분들이 반드시 알아야 할 토지보상에 대한 대부분의 내용들을 한 권에 담아내려 애썼습니다. 본서가 평소 수용사업에 관심을 갖고 있거나 가까운 미래에 보상을 염두에 두시는 분들의 고민을 조금이나마 해갈하는 길라잡이 역할을 하였으면 하는 바람입니다. 미흡한 점은 독자들의 질책을 받아 거듭하여 발전할 것을 약속드리며, 마지막으로 옆에서 항상 진심어린 충고와 격려를 주었던 아내와 가족들에게 깊은 감사를 전합니다.

대구에서 2024년 2월
저자 이성호

머리말

내 땅, 내 집 가격이 얼마나 될지 아는 사람이 얼마나 있을까요? 갑자기 국가에서 내 땅이 필요하니 달라고 합니다. 대신 보상금을 준다고 합니다. 이리저리 발품 팔면서 알아보니 대충 이 정도 가격이 예상됩니다. 과연 그도 나올까요?

최근 3기 신도시 및 각종 공익사업 관련한 질의가 급증하고 있습니다. 정보의 홍수 속에 살고 있는 우리는, 전문가의 전문적 판단에 대해서도 공부하고 검증하곤 합니다. 이는 본인 스스로 납득하기 위함이며, 또는 다른 방법은 없는지 연구하기 위해서입니다. 그래서인지 질의내용이 예전과는 많이 달라진 것이 느껴집니다. 보상 그 자체를 묻는 질의보다는 내가 공부한 사항이 맞는지, 이를 기반으로 이의신청을 해도 되는지에 대한 질의가 많아졌습니다. 내 재산권을 지키기 위해 스스로 공부하는 것은 매우 좋은 행동입니다. 다만, 틀린 정보를 기반으로 한 싸움은 필부의 용맹이 될 수밖에 없습니다. 따라서 정확히 알고 이를 기초로 내 재산권을 지켜야 합니다. 이 관점에서 본서 집필을 시작하였습니다.

현재 보상감정평가뿐만 아니라 학원에서 감정평가 전반적인 이론에 대한 강의를 진행하고 있습니다. 처음 집필을 시작하였을 때에는 강의하고 있는 자료와 법조문, 그리고 판례 등을 활용하였으나, 너무 어려운 것 같아 퇴고와 수정을 거듭하여 최대한 쉽고, 정확하게 서술하려 노력했습니다. 우리가 궁금한 것은 그리 많지 않습니다. 결국 '왜 이 가격인지'와 '그럼 무슨 방법이 있는지'로 요약됩니다. 따라서 이 두 가지를 기초로 하여 여러 사례를 짧게 설명하였습니다.

손실보상 일련의 절차는 복잡합니다. 제한된 지면 내에 손실보상을 서술하려 하다보니 미흡한 부분도 있고, 이 설명만으로는 궁금증이 해결되지 않을 수도 있습니다. 이 부분은 앞으로 계속 개선하겠습니다. 본서 작업에 큰 도움을 주신 감정평가사님들께 감사함을 전하며, 사랑하는 가족들에게 언제나 사랑한다고 본서를 통해 전달합니다. 이 책을 보는 모든 분들에게 행운이 깃들기를 바라봅니다.

서초동에서 2024년 2월
저자 김강산

/ Contents /

공익수용의 양도소득세 기본

공익수용 대표 세제혜택

/ Contents /

내 수용부동산이 주택 또는 건물인 경우

세무사님! 어떻게 하면 좋을까요?

본서의 내용 중 일부 명칭을 아래와 같이 약어로
표시하였습니다.

▶ 「공익사업을 위한 토지 등의 취득 및 보상에 관한 법률」:
  토지보상법

▶ 「조세특례제한법」: 조특법

▶ 자경농지에 대한 양도소득세의 감면: 농지자경감면

▶ 농지대토에 대한 양도소득세 감면: 농지대토감면

▶ 공익사업용토지 등에 대한 양도소득세의 감면:
  공익수용감면

▶ 대토보상에 대한 양도소득세 과세특례: 대토보상
  과세특례

▶ 개발제한구역 지정에 따른 매수대상 토지 등에 대한
  양도소득세의 감면: 개발제한구역감면

▶ 예규, 심사청구, 심판청구, 판례 등: 판례

part

01

공익수용 손실보상의
기본

어느 나라건 공공의 이익을 위하여 일정 구역 내 일정 토지를 취득하여 사업을 진행하여야 할 때가 있습니다. 이 경우 어떤 국가에서는 개인과 끊임없이 협의를 하기도 하며, 어떤 국가에서는 법에 따라 일정 절차를 거치고 사회구성원들의 공동의 힘(공권력)을 이용하여 강제로 취득하여 사업을 진행하기도 합니다.

대한민국 헌법 제23조 제3항에는 "공공필요에 의한 재산권의 수용·사용 또는 제한 및 그에 대한 보상은 법률로써 하되, 정당한 보상을 지급하여야 한다."고 규정하여 개인의 토지라도 공공필요가 인정된다면 국가가 강제로 취득할 수 있으며 이 경우 정당한 보상을 지급하라고 되어있습니다. 그럼에도 불구하고 강제취득 이전에 '협의취득'이라는 단계를 법에 규정하여 일단 협의를 하라고 되어있기도 합니다. 즉, 일단 협의하고, 협의가 되지 않으면 강제력을 동원할 수 있다는 것입니다. 그러므로 우리나라의 공익사업에 의한 토지취득은 크게 '협의'와 '강제취득' 두 가지 모두가 있다고 볼 수 있습니다.

일반인들은 접근하기 어려운 저 두 개념을 이해하려 하다보니 손실보상의 전반적인 내용과 절차 등에 대해 그저 어렵다고 느껴집니다. 손실보상을 알기 위해서는 손실보상이 일반 거래와는 다르다는 것을 확실히 안 다음에 어떤 절차가 있는지를 보아야 합니다. 따라서 이 장에서는 손실보상에 관한 학술적 내용이나 법률의 해석 등은 최대한 배제하고, 손실보상에 대한 관점과 절차 등을 알아보도록 하겠습니다.

1

공익수용 손실보상 개요

　토지는 어느 시대, 어느 국가를 막론하고 부와 권력의 원천이 되므로 과거에는 국가(왕)의 소유였습니다. 그러나 현대 국가에서는 토지 등 부동산에 대한 소유권은 일반 국민들이 가집니다. 다만, 일반 국민 개개인의 토지소유권이 광범위하게 인정되면 사회적으로 지가의 급격한 상승, 생산수단 독점으로 인한 빈부격차 등 여러 문제가 발생할 여지가 있기에, 많은 국가에서는 토지에 대해 여러 규제 및 정책을 두고 있습니다. 비록 내 토지이지만, 공공의 이익에 내 토지가 쓰이는 것이 이 사회에 더 큰 이익을 준다면, 강제적으로 내 토지를 빼앗을 수 있다는 공용수용 또한 이에 해당합니다.

　동네에 통행량이 증가하여 기존 도로로는 감당이 안 된다면, 도로를 확장하는 것이 각종 사고 및 통행량 해소에 도움이 될 것입니다. 장마철만 되면 하천이 범람하여 온 동네가 쑥대밭이 된다면, 하천 정비사업을 하여 이를 막는 것이 공공의 이익에 도움이 될 것입니다. 회색빛 건물만 있는 현대 사회에서 도시민의 여가활동과 녹지공간을 만들기 위해 공원을 만드는 것 또한 공공의 이익을 증진

시킬 수 있을 것입니다.

당연하게도, 이러한 사업들은 개인이 하지 못하고 국가 또는 지방자치단체에서 국민의 세금을 가지고 진행하게 됩니다. 그러나 아무도 토지를 내어 놓지 않는다면 사업을 할 수 있을까요? 따라서 우리나라에서는 '공공필요 등'이 인정된다면, 국가가 내 토지를 강제로 빼앗을 수 있으며, 이에 상응하는 손실보상을 해주어야 한다는 '공용수용'이란 제도가 있는 것입니다. 이 제도의 일반법으로서의 지위를 가진 법이 「공익사업을 위한 토지 등의 취득 및 보상에 관한 법률」(이하 '토지보상법')입니다.

국가(이하 지방자체단체 등 포함)도 경제주체입니다. 따라서 공익사업을 시행할 때에는 해당 사업 내 토지소유자들과 협의를 해야 합니다. 그러나 문제가 있습니다. 국가는 땅값을 모릅니다. 얼마를 줘야 할지 모르기도 하고, 국민의 세금으로 사야 하기 때문에 사업목적 등을 고려해서 매매를 해야 합니다. 따라서 국가에서 인정한 '땅값의 전문가', 즉 '감정평가사'에게 「토지보상법」에 의거하여 감정평가해달라고 의뢰를 합니다.

여기서 차이점이 발생합니다. 개인 간 거래에서는 '시세', '지역의 장래', '해당 토지의 필요성' 등을 고려하여 매매가 이루어진다면, 공익사업을 위한 국가 대 개인의 거래에서는 이보다는 '공익사업의 효율적인 수행, 공공복리의 증진, 재산권의 적정한 보호' 등을 고려합니다. 따라서 보상감정평가는 시세가 아닌 '사업의 목적 등'을 고려하게 됩니다. 그러므로 **보상감정평가는 사업의 원활한 수행 및 공익과 사익을 조율하는 매개체라고 할 수 있습니다.**

감정평가사 전문학원에서 강의를 할 때와 현장에서 토지소유자들을 만나 이야기할 때의 가장 큰 차이점은 학술적인 이야기를 하느냐와 실무적인 이야기를 하느냐입니다.

　따라서 본서에서는 학술적인 내용이나 법적 내용에 대한 해석, 감정평가방법론 등은 최대한 배제하고 실제로 많이들 궁금해하는 것을 위주로 소개할 예정입니다. 왜냐하면 결국 우리에게 중요한 것은 '보상금'이기 때문입니다.

2

공익수용 손실보상 절차

　부동산 시장에서 일반 사람들은 보통 다음과 같은 절차로 토지를 사고팝니다.

　① 어디를 살지, 어디를 팔지
　② 정했다면, 토지에 무엇이 있는지 확인
　③ 지역의 가격수준을 생각하고 가격을 가늠하여 매매 진행

　공익사업을 위해 토지 등을 수용할 때도 위의 구조와 비슷합니다. 큰 틀에서 보면, '여기 개발할 거예요'라고 하는 보상계획공고 등과 '이 가격에 매매를 하고 싶다'는 감정평가 단계만 추가되었다고 보면 됩니다. 그러므로 손실보상의 절차는 꽤나 복잡한 것으로 보이지만, 일반 사람들끼리 토지를 사고팔 때와 절차가 크게 다르지 않다는 것을 알 수 있습니다.

　① 사업계획 결정 등: 어디를 개발할지 결정하고,
　② 사업인정고시: 국토교통부장관이 이 사업은 토지 등을 수용하거나 사용할 수 있다고 사업인정을 하고,

③ 조서 작성 등: 개발할 곳의 토지 등은 무엇이 있는지 대상을 확정한 후,

④ 보상계획공고 등: 여기를 개발할 것이라고 대외적으로 알리고,

⑤ 협의단계: 감정평가 후 이 가격이면 어떻겠냐고 1차적으로 협의를 하고,

⑥ 수용재결: 협의가 불성립되면 다시 감정평가를 하며,

⑦ 이의재결: 이의신청을 하면 다시 감정평가를 하며,

⑧ 행정소송: 최종적으로 소송을 걸 수 있습니다.

우리 동네가 공익사업 대상지역으로 지정이 되었다고 한다면, 우선적으로 봐야 할 사항은 '사업인정'과 관련한 사항입니다. 사업계획 결정을 위한 타당성 검토 등은 우리에게 중요하지 않습니다.

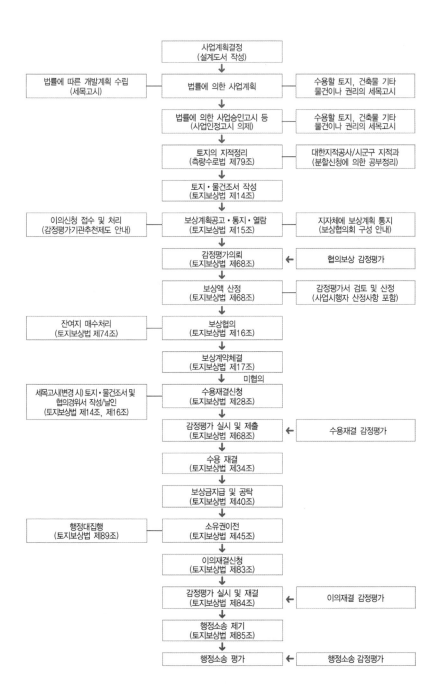

법률에 따른 개발계획 수립
(세목고시)

사업계획결정
(설계도서 작성)
↓
법률에 의한 사업계획 — 수용할 토지, 건축물 기타 물건이나 권리의 세목고시
↓
법률에 의한 사업승인고시 등
(사업인정고시 의제) — 수용할 토지, 건축물 기타 물건이나 권리의 세목고시
↓
토지의 지적정리
(측량수로법 제79조) — 대한지적공사/시군구 지적과
(분할신청에 의한 공부정리)
↓
토지·물건조서 작성
(토지보상법 제14조)
↓

이의신청 접수 및 처리
(감정평가기관추천제도 안내)

보상계획공고·통지·열람
(토지보상법 제15조) — 지자체에 보상계획 통지
(보상협의회 구성 안내)
↓
감정평가의뢰
(토지보상법 제68조) ← 협의보상 감정평가
↓
보상액 산정
(토지보상법 제68조) — 감정평가서 검토 및 산정
(사업시행자 산정사항 포함)
↓

잔여지 매수처리
(토지보상법 제74조)

보상협의
(토지보상법 제16조)
↓
보상계약체결
(토지보상법 제17조)
↓ 미협의

세목고시(변경 시) 토지·물건조서 및
협의경위서 작성/날인
(토지보상법 제14조, 제16조)

수용재결신청
(토지보상법 제28조)
↓
감정평가 실시 및 제출
(토지보상법 제68조) ← 수용재결 감정평가
↓
수용 재결
(토지보상법 제34조)
↓
보상금지급 및 공탁
(토지보상법 제40조)
↓

행정대집행
(토지보상법 제89조)

소유권이전
(토지보상법 제45조)
↓
이의재결신청
(토지보상법 제83조)
↓
감정평가 실시 및 재결
(토지보상법 제84조) ← 이의재결 감정평가
↓
행정소송 제기
(토지보상법 제85조)
↓
행정소송 평가 ← 행정소송 감정평가

1 사업인정

공익적인 사업을 한다고 해서 무조건 강제로 수용할 수는 없습니다. 우리나라 헌법에 따라 국가라고 해서 국민의 사유재산을 마음대로 가져갈 수는 없기 때문입니다.

그렇기 때문에 '법에 의한 권한을 가진 누군가'가 '증가되는 공익과 침해받는 사익을 비교'해 봐서 '증가되는 공익이 더 크다고 결정'을 하여야 하며, 이런 경우에는 '국가 등이 사인의 땅을 강제로 가져갈 수 있는 권한'을 '사업을 시행하려는 자'가 부여받게끔 우리 법은 되어 있습니다. 이를 사업인정이라 합니다.

당해 사업이 공공성이 있는가를 개별·구체적으로 판단하여 피수용자의 권리를 보호하고, 이로 인해 수용 가부가 결정되는 수용절차의 제1단계입니다. '공익사업이 시행된다더라, 땅값이 올랐다더라' 등 여러 소문들이 도는 지역에 사업인정이 고시가 된다면 본격적으로 보상사업이 진행이 되며, 사업인정의 고시가 있으면 토지수용권이 발생하고, 수용목적물이 확정되며, 관계인의 범위가 제한되며, 사업구역 내 토지 등의 보전의무가 생기고, 토지·물건조사권 등이 발생하는 등 이에 따른 여러 효과들이 생깁니다.

따라서 사업인정고시가 되었는지 안되었는지는 보상절차상 매우 중요합니다. 또한, 감정평가 시에도 '행위제한일'의 기준점이 될 수도 있습니다.

2 토지 · 물건조서 작성

내 땅에 마음대로 다른 사람이 와서 측량하거나 조사할 수 있을까요? 원래는 내 허락 없이 내 집 안방에 들어와서 평형수를 측량하거나, 앞마당에 있는 나무는 몇 그루인지, 크기는 얼마나 되는지 등을 헤아릴 수는 없을 것입니다.

그러나 공익사업을 하려면 그 사업지구 내 보상하여야 할 토지 및 물건은 무엇이 있는지 파악하여야 합니다. 그러므로 개인의 토지에 출입하여 물건을 파악한 후 보상대상 목록을 확정하여야 합니다. 이는 사업인정 이전에 할 수도 있고 사업인정 이후에 할 수도 있으나, 큰 틀에서 둘의 맥락은 같습니다.

현장조사 시 '난 이 사업을 반대한다'며 조사를 받지 않고 저항하는 분들이 있는데, 본인의 재산권을 최대한 지키고 보상받고 싶다면 이때 대응을 잘 하여야 합니다. 최대한 토지(또는 주택)에 있는 모든 물건을 보상받기 위해 성실히 모든 물건을 다 보여주고, 제값을 받기 위하여 대응하여야 합니다.

3 보상계획 공고 및 공람

사업시행자가 토지 · 물건조서를 작성할 때에는 공익사업의 개요 등이 포함된 보상계획을 전국을 보급지역으로 하는 일간신문에 공고하고, 개별 토지소유자 및 시장 등에게도 이를 통지하여야 합니다.

사업시행자가 공고나 통지를 하였을 때에는 그 내용을 14일 이상 일반인이 열람할 수 있도록 하여야 하며, 공고되거나 통지된 토지·물건조서의 내용에 이의가 있는 토지소유자 등은 열람기간 내에 사업시행자에게 서면으로 이의를 제기할 수 있습니다.

'이곳을 개발할 것이다'라며 그 사업구역 내에 무엇이 있는지 대외적으로 알리는 것이라고 생각하면 됩니다.

4 보상평가 단계

어디를 개발할지 결정하였고, 수용할 권한도 주었습니다. 그리고 대외적으로 사업할거라고 알리기까지 했습니다. 이제 본격적인 사업이 시행됩니다.

일단, 사업구역 내에 있는 토지를 사야 합니다. 그래야 사업이 진행됩니다. 토지를 사려면 그 토지의 가격이 얼마인지를 알아야 합니다. 단,「토지보상법」의 절차에 따라 적법하게 산출된 금액이어야 하므로 감정평가사에게 보상목적의 감정평가를 의뢰하게 됩니다.

보상평가는 크게 네 단계로 나누어집니다.

협의보상(사업인정 전/후) → 수용재결 → 이의재결 → 행정소송

1) 협의보상

사업인정 전 협의와 사업인정 후 협의로 구분됩니다. 전자는 수용권 설정 이전이므로, 사적 지위에서 행하는 사법상 계약과 유사하다고 봅니다(반대 견해, 판례 등 有). 따라서 강제성이 없다는 특징이 있으나, 사업인정 후 협의의 경우 사업시행자가 사업인정을 받은 이후에 진행하므로 강제성이 다분히 있다는 차이점이 있습니다.

협의기간은 특별한 사유가 없으면 30일 이상으로 합니다. 사업인정 전 협의건과 사업인정 후 협의건, 최초 협의보상감정평가금액이 괜찮다고 생각되면 그 금액을 토대로 사업시행자와 협의를 합니다. 그러면 '나의 보상절차'는 대부분 종결이 납니다. 다만, 금액이 마음에 들지 않은 경우에는(협의불성립) 수용재결 단계로 넘어갑니다.

협의보상감정평가의 가장 큰 특징은 '내가 감정평가사를 선임'할 수 있다는 점입니다. 법에 따라 소유자추천 감정평가사를 선정하여 '나' 대신 내 의견을 좀 더 잘 전달할 사람을 선정하는 것이 보상금액 관련하여 전체 절차 중 가장 중요할 수 있으니, 신중하게 잘 선정하여야 합니다.

2) 협의보상 이후 단계

금액이 마음에 들지 않는다고 해서 내가 재감정평가 요청을 할 수는 없습니다. 피수용자에게 재결신청청구권이 인정되기는 하지만, 법에는 사업시행자가 토지수용위원회에 수용재결을 신청하게끔 되어 있습니다.

금액이 마음에 들지 않는 이유를 정리하여 문서로 기록하며, 협의보상감정평가서를 수집하는 등 어찌보면 가장 바쁘게 움직여야 할 시기가 바로 이때입니다. 최근에는 많은 분들이 이런 경우 '행정정보공개청구'를 하여 감정평가서를 입수한 이후 관련 전문가들의 도움을 받아 이의신청서를 작성합니다.

이 이의신청서를 토지수용위원회에 전달하면, 위원회에서는 두 명의 감정평가업자를 선정하여 이의신청서 등을 전달합니다. 그 이후 감정평가를 진행한 후 평균하여 보상액을 산정합니다.

수용재결 단계에서의 보상금액 등도 마음에 들지 않은 경우에는 바로 행정소송을 할 수 있으나, 이의재결 단계를 거치고 행정소송을 진행할 수도 있습니다. 이의재결 감정평가 또한 수용재결 감정평가와 마찬가지로 두 명의 감정평가업자에게 감정평가를 의뢰하고 그 결과치의 산술평균으로 보상액을 산정합니다.

만약 이 또한 마음에 들지 않은 경우에는 행정소송을 진행할 수 있습니다. 행정소송 단계에서는 관할 행정법원에서 선정한 한 명의 감정평가업자가 다시 감정평가를 하게 되며, 판결을 통해 금액이 확정됩니다.

이상 간략하게 손실보상 및 감정평가의 개략적인 절차를 알아보았습니다. 다음 장부터는 가장 많이 궁금해하는 사항들을 정리해두었으니, 많은 도움이 되기를 바랍니다.

공익수용에서 절세가 중요한 이유

1 강제수용되는데 세금까지 내야 하나요?

「소득세법」상 "양도"란 자산에 대한 등기 또는 등록과 관계없이 매도, 교환, 법인에 대한 현물출자 등을 통하여 그 자산을 유상으로 사실상 이전하는 것을 말합니다. 자산의 취득자가 본인의 자발적인 의사에 의한 임의양도뿐만 아니라, 「토지보상법」 등에 따른 수용과 같이 자산 취득자의 의사에 기하지 아니한 강제양도의 경우도 이에 해당한다고 헌법재판소가 결정한 바 있습니다.

따라서 「토지보상법」 또는 그 밖의 법률에 의하여 사업시행자가 협의취득 또는 사업시행자에게 수용에 의하여 토지나 주택을 강제적으로 이전하는 것도 「소득세법」상 양도로서 양도소득세 과세대상이 됩니다.

강제성을 지닌 수용의 양도소득세를 납부하여야 하는 토지소유자 입장에서는 큰 불만일 수밖에 없습니다. 이에 토지소유자의 과세부담 완화를 위한 대표적인 감면제도로서 "공익수용에 따른 양도소득세 감면" 제도가 있습니다. 이 제도는 1975년 12월 말에 최초로 신설되었으며 신설될 당시 감면율은 100%였지만 해가 거듭될수록 감면율이 감소되고 있으며, 추후에도 그 비율이 줄어들 것으로 예상됩니다.

| 공익사업용토지 등에 대한 양도소득세 감면율의 변천사 |

구분	1989년 이전	1990~ 1993년	…	2010년 이후	2014년 이후	2016년 이후
현금 보상분	100%	50%	…	20%	15%	10%
채권 보상분	100%	80%	…	25% (만기채권 3년 40%, 5년 50%)	20% (만기채권 3년 30%, 5년 40%)	15% (만기채권 3년 30%, 5년 40%)

최근 국토교통부가 경기 하남 교산, 남양주 왕숙, 고양 창릉, 부천 대장, 인천 계양 5지역을 3기 신도시로 발표하였고, 이에 수용지역 주민들은 정부의 현실적인 보상을 요구하거나 아예 개발 자체를 백지화해야 한다며 거센 저항을 보이고 있습니다.

이 같은 상황에서 공익사업 등의 시행으로 발생하는 양도소득세에 대해 감면율을 현행 10~40%에서 최대 100%(70~100%)까지 확대해 주민들의 재산권을 보호해야 한다는 내용의 「조특법」 개정안이 발의된 상황입니다. 하지만 해당 개정안이 입법되기 전까지 당장은 일정한 감면 요건을 제외하고는 세금을 납부하지 않는다는 것은 불가능합니다. 공익수용은 강제성을 지니고 있어 본인 의사와 상관없이 일정기간 이내에 양도를 하고, 이에 수반되는 신고 및 납부를 하여야 하는 상황에 직면하기 때문입니다. 피할 수 없는 세금에 대해서 토지수용자가 미리 준비하고 대응하는 것이 바람직합니다.

2 ▶ 공익수용에서 절세가 중요한 이유

토지보상 관련 상담 중에 토지소유자에게서 "왜 사업시행자가 세금신고를 안 해주느냐?"와 "왜 세무서에서는 양도소득세 계산을 안 해주느냐?"라는 질문을 많이 듣습니다. 이 질문에 대한 답변을 위해서는 기본적인 "양도소득세의 개념"을 알아야 합니다.

우리나라의 세목은 크게 신고납세 세목과 부과과세 세목으로 구분합니다. 양도소득세는 신고납세 세목으로서 납세자는 개별 과세단위에 관하여 일정 시점에 자신이 납부하여야 할 세액을 과세관청에 신고 및 납부하여야 합니다. 사업시행자의 입장에서 양도소득세는 과세대상 부동산을 매입하는 양수자 입장일 뿐이므로 세금신고의 의무가 없고, 신고 세목이므로 세무서에서도 세금신고를 대신해 줄 의무가 없습니다. 그리고 적용 가능한 세액감면을 놓쳐서 더 많은 세금을 납부하게 되더라도 과세관청 입장에서는 개별납세자의 모든 정황을 알 수 없기 때문에 감면신청을 하지 않는 한 토지소유자 본인의 수용보상금 손실로 이어집니다.

세법에 대한 정확한 판단 및 절세플랜이 없는 상태에서 양도소득세를 신고하였다고 가정해봅니다. 제대로 계산이 되었는지도 확인하지 못한 상태에서 접수된 양도소득세 신고는 어떻게 될까요?

잘못된 신고가 밝혀지는 것은 통상 양도소득세 예정신고기한(양도일이 속하는 달의 말일부터 2개월 이내) 이후입니다. 신고서가 접수된 이후 관할 세무서는 해당 양도소득세 신고내용의 적정성을 검토하고 잘못된 계산이 발견되면, 이에 대한 계산산정의 이유와 계산근거가 되는 계약서 및 적격증빙서류 등을 요구할 수 있습니다.

가령 잘못된 신고서라는 것이 조사관에 의해 밝혀져 추가납부 세액이 1억 원이라고 밝혀지면, 다음과 같은 가산세가 함께 부과됩니다.

구분	세액	산출 근거
과소납부세액	100,000,000	과소납부에 대한 추가납부세액
신고불성실 가산세	10,000,000	신고불성실 사유에 따라 10~40% (일반사유로 10% 신고불성실 가산세 가정)
납부지연 가산세	7,500,000	과소납부한 세액×2.5/10,000×신고기한의 다음 날부터 과소납부한 날까지의 일수 (300일 가정, 2022. 2. 15. 이후분은 2.2/10,000)
합계	117,500,000	

잘못된 신고서로 인해 가산세를 부담할 뿐만 아니라 본인에게 적용 가능한 감면 요건 및 절세플랜을 놓친 경우에도 납세부담금의 차이가 큽니다. 직접 경험한 예를 통해 정확한 세액계산이 얼마나 중요한지, 절세플랜이 왜 필요한지 알아보면 다음과 같습니다.

여러 필지에 창고임대업을 운영 중에 공익수용 수용대상자로 선정된 토지소유자 A씨가 있었습니다. 산정된 보상금이 흡족하지 않았던 A씨는 보상금 증액을 위해 수용재결 신청을 하였고, 2년의 시간이 지나 4천만 원 가량의 증액된 보상금을 받을 수 있었습니다. 하지만 보상금 증액 후 여러 필지의 토지 및 건물에 대한 보상금을 일시에 받게 되어 높은 누진세율과 함께 공익수용감면 1억 원만을 적용받을 수 있었습니다.

A씨가 절세전략을 수립하였다면 어떻게 되었을까요? 우선 양도시기를 두 해로 나누어서 토지와 건물을 분산수용 보상받았다면 누진세율도 낮추고 공익수용감면도 각 해마다 1억 원 씩 총 2억 원을 받을 수 있었습니다. 최종 신고서를 작성하면서 추가적으로 1억 4천만 원 이상의 절세를 할 수 있었다고 하니, 토지소유자는 매우 아쉬워했습니다.

눈앞의 보상금만 보고 세금을 고려하지 않아 보상금 4천만 원은 얻었지만, 1억 원 이상의 세금을 더 납부하게 된 상황이 되었습니다. 이는 대부분의 토지소유자가 겪을 수 있는 단편적인 예시에 불과합니다. 수용토지보상금 증액에 공을 들여야 하는 것만큼이나 절세플랜을 위한 관심을 쏟는다면 보상금 증액과 절세 두 마리 토끼를 다 잡을 수 있습니다.

⚖ 참고 판례

헌재 2010헌바134(2011. 10. 25.)

| 제목 | 공용수용으로 인한 양도소득에 대하여 양도소득세를 부과하는 것은 헌법에 위반되지 아니함.

| 요약 | 공용수용을 양도소득세 과세대상에서 제외하지 않는 법률조항이 현저하게 합리성을 결여하여 입법재량을 일탈하였다거나 재산권을 침해한다고 볼 수 없고 일반 양도로 인한 양도소득과 동일하게 양도소득세를 부과하는 것은 평등원칙에 반하지 아니함.

공익수용 손실보상 감정평가

살면서 토지보상을 받을 확률은 얼마나 될까요? 평생 한번 있을까 말까 하므로 대부분 평소 토지보상에 대해 관심이 없습니다. 따라서 토지보상 대상자가 되어서야 내 재산권을 지키기 위하여 토지보상을 공부하게 됩니다. 그러나 토지보상의 일련의 절차와 개념 등은 방대하고 난해하여 이해하기가 쉽지 않습니다.

토지보상을 공부하려고 자료를 찾아보면 어려운 말 투성이입니다. 또는 부정확한 정보들이 난립하고 있어 오히려 헷갈리기만 합니다. 법 조문, 학설이나 판례가 궁금한 것이 아니라 그저 나는 왜 이 가격이 나오는지, 왜 개발이익을 배제하는지 궁금할 뿐인데요.

피수용자들에게 사업타당성은 어떻게 평가하는지, 구역지정은 어떻게 하는지 등은 중요하지 않습니다. 오히려 토지보상금은 일반 거래가격과 어떤 차이가 있는지, 내 땅의 공시지가와 실제 토지보상금은 왜 차이가 나는지, 잘리고 남은 부분은 어떻게 처리하여야 할지 등이 중요합니다. 따라서 가장 자주하는 질문과 가장 궁금해할 부분을 위주로 이번 장을 구성했습니다.

보상금은 시가가 아니다

　내 땅이 국가가 하는 사업에 편입이 되어 빼앗깁니다. 대신 국가에서 돈을 준다고 합니다. 그러면 시세대로 보상금을 주지 않을까란 생각을 합니다. 결론부터 말하면, 보상금은 시세대로 감정평가하지 않습니다.

1 　토지보상금을 파헤쳐 보자 - 적정가격

「토지보상법」 제70조(취득하는 토지의 보상)

① 협의나 재결에 의하여 취득하는 토지에 대하여는 「부동산 가격공시에 관한 법률」에 따른 공시지가를 기준으로 하여 보상하되, 그 공시기준일부터 가격시점까지의 관계 법령에 따른 그 토지의 이용계획, 해당 공익사업으로 인한 지가의 영향을 받지 아니하는 지역의 대통령령으로 정하는 지가변동률, 생산자물가상승률(「한국은행법」 제86조에 따라 한국은행이 조사·발표하는 생산자물가지수에 따라 산정된 비율을 말한다)과 그 밖에 그 토지의 위치·형상·환경·이용상황 등을 고려하여 평가한 **적정가격**으로 보상하여야 한다.

물건의 가치는 하나의 점의 값으로 있지 않습니다. 목적에 따라, 시점에 따라 달라지게 됩니다. 이를 가치다원론이라고 합니다. 보상 감정평가의 목적은 위에서 말했듯이 '공익사업의 효율적인 수행, 공공복리의 증진, 재산권의 적정한 보호 등'입니다. 따라서 시장에 존재할 만한 가치를 의미하는 '시장가치'가 아닌, 사업의 목적 등을 고려한 「토지보상법」상 적정가격'을 기준으로 하여 보상액은 산출됩니다. 「토지보상법」 적정가격이란 이론적으로는 **보상평가의 기준이 되는 가격으로서 해당 공익사업의 시행으로 인한 가격의 변동분을 배제하고, 미실현된 투자가치는 미반영하는 등 사업 목적에 맞는 가격**이라고 볼 수 있습니다.

내 토지가 강제로 빼앗기는데, 시세대로 보상을 하지 않는다고? 라고 생각할 수 있습니다. 그러나 **'오히려 시세대로 보상을 하지 않고 법적 테두리 안에서 보상을 하기 때문'**에 받을 자산(현금보상액)을 증액하고, 낼 비용(세금 등)에 대해 잘 대처한다면, 내심의 보상액보다 증액하여 보상금을 얻을 수 있다고 생각합니다. 내 재산권을 지키는 권리를 정확히 행사하는 것이 법에 있기 때문에 개략적으로나마 이를 이해하는 것이 중요하다고 생각합니다.

정리하자면, 보상금은 「토지보상법」상 적정가격을 기준으로 산출이 되며, 이때의 적정가격은 시가가 아니고 공익사업의 목적 등에 맞는 가격입니다. 그러므로 이론적으로는 시세가 아닙니다.

2 개발이익은 개발한 사람이 가져간다 - 해당 사업으로 인한 가치의 변동분 배제(개발이익 배제)

> 「토지보상법」 제67조(보상액의 가격시점 등)
> ② 보상액을 산정할 경우에 **해당 공익사업으로 인하여 토지 등의 가격이 변동되었을 때에는 이를 고려하지 아니한다.**

보상금이 시가가 아닌 두 번째 이유는, 보상감정평가 시 해당 공익사업으로 인한 가치의 변동분은 배제하기 때문입니다(많은 사람들이 개발이익 배제라고 부르는 개념). 이해가 되지 않습니다. 해당 공익사업으로 인한 가격의 변동분은 왜 배제를 하는가? 결론부터 말하자면, 사업의 이익은 사업을 시행한 주체가 가져가는 것이 맞다고 보는 논리 때문입니다.

많은 사람들이 공익사업에서 '공익'에만 매몰되어 보상사업을 이해하려는 경향이 있습니다. 공익사업 또한 '사업'입니다. 그러므로 수익이 비용보다 커야 진행합니다.

투하한 비용 대비 초과되는 수익을 순수익(수익 - 비용)이라 보게 되면, 이때의 순수익은 누구에게 귀속되어야 하는가의 문제가 남아 있게 됩니다. 크게 두 가지 이유로 인해 공익사업에서의 순수익은 국가에 귀속되어야 한다고 보고 있습니다.

① 공익사업의 시행으로 인한 지가의 변동은 사업시행자의 투자 또는 공익사업의 시행으로 인해 발생되는 것으로서 **토지소유자의 노력이나 자본의 투자 또는 귀책사유에 의하여 발생한 것이 아닙니다.** 따라서 이러한 가치변동은 형평의 관념에 비

추어 볼 때, 토지소유자에게 당연히 귀속되거나 부담시켜져야 할 성질의 것이 아니라, **오히려 투자자인 사업시행자 또는 사회에 귀속되거나 부담되어져야 할 성질의 것입니다.** 즉, 국민의 세금으로 진행한 사업이니, 국민에게 되돌려주어야 한다는 논리인 것입니다.

② 또한, 해당 공익사업으로 인한 가치의 변동은 공익사업의 시행에 의하여 발생하는 것이므로, 그것이 대상토지가 협의 또는 수용 당시 갖는 객관적 가치에 포함된다고 볼 수도 없습니다. 이러한 가치의 변동은 시간적으로 해당 공익사업이 순조롭게 시행되어야 현재화될 수 있는 것이므로, 공익사업이 시행되기도 전의 가치변동은 공익사업의 시행을 전제로 한 주관적 가치 부여에 지나지 않습니다. **그러므로 공익사업이 시행되기도 전에 미리 그 시행으로 기대되는 이용가치의 상승 또는 하락을 감안한 지가의 변동분을 보상액에 포함시킨다는 것은 대상토지의 사업시행 당시의 객관적 가치를 초과하거나 하회하여 보상액을 산정하는 것이 되므로, 이러한 가치의 변동은 보상액에서 배제하는 것입니다.**

따라서 법적으로도, 이론적으로도 해당 사업으로 인한 개발이익 등은 배제하여 보상액은 산출되게 됩니다. 통상 토지소유자가 알고 있는 '시세'는 공익사업의 공고 등으로 인해 상승된 지가상승분이 모두 포함되어 있는 금액이므로, 시세와 토지보상금 간에 차이가 있을 수도 있는 것입니다.

요약해 보면, ① 토지보상금은 시가가 아닌 공익사업의 목적 등을 고려한 「토지보상법」상 적정가격이고, ② 해당 공익사업의 시행에 따른 지가상승분 등은 배제하여 토지보상액이 산출되므로, 여러분이 생각하는 시가와 토지보상액은 다소 차이가 있을 수 있습니다.

　다만, '시세보다 무조건 낮게 감정평가'된다고 받아들이면 안 됩니다. 말 그대로 내심의 시세보다 높을 수도, 낮을 수도 있는 것이 보상감정평가입니다. 어떻게 대응하느냐에 따라 다를 수 있습니다.

　예컨대, 앞서 절차를 다시 보면 감정평가가 진행되는 경우는 최대 4번입니다. 이중 협의보상 단계에서 나의 의견을 잘 반영해 줄 '소유자추천 감정평가사'를 잘 선임하는 것이 한 방법이 될 수 있습니다.

　또는 수용재결·이의재결 단계에서 정확한 근거와 적법한 절차에 의거하여 좀 더 완전보상을 도모할 수 있는 전문가를 찾는 것이 대표적으로 법에서 보장하는 나의 권리라고 볼 수 있습니다.

옆 땅보다 개별공시지가가 높지만 낮게 감정평가될 수 있다

땅 가격에 대해 가장 손쉽게 얻을 수 있는 정보가 바로 개별공시지가입니다. 원칙적으로 모든 토지는 개별공시지가라는 어떠한 '값'이 있기 때문입니다. 개별공시지가는 토지의 가격을 나타내는 것이 아니라 과세목적으로 주로 사용되기 때문에 시세와는 차이가 나는 경우가 대부분입니다. 비유에 다소 괴리가 있을 수 있으나 자동차에 비유하자면, 자동차세 낼 때 적용되는 과세표준액과 중고차시장에서 내 차의 시세가 차이가 나는 것과 유사합니다.

1 개별공시지가란?

개별공시지가란 국토교통부장관이 매년 공시하는 표준지공시지가를 기준으로 하여 시장·군수·구청장 등이 조사하여 산정한 공시지가로, 토지의 특성조사와 표준지 선정 여부로 그 값을 결정합니다.

2 ▸ 개별공시지가는 절대적이지 않다

① 개별공시지가는 토지가격비준표를 통해 통계적으로 산정합니다. 그러므로 통계적 오류가 있을 가능성이 있습니다.

② 부동산의 가치에 영향을 주는 가치형성 요인은 매우 다양하고, 이 요인들은 복합적으로 가치에 영향을 미치게 됩니다. 그러나 토지가격비준표는 모든 요인을 고려하지 못하며, 유기적으로 값이 매겨지지 못합니다. 예컨대, 도로의 폭이 크면 클수록 통상 토지가격비준표의 값은 커지는데, 현실에서는 도로의 폭뿐만 아니라 막다른 도로인지 차가 다니기는 편한지 등 계통성도 고려하여 가치가 결정되게 됩니다. 개별공시지가는 이를 반영하지 못합니다.

③ 개별공시지가는 통상 임장조사를 따로 진행하지 않고 산정합니다. 따라서 부정확할 가능성이 큽니다. 개별공시지가가 결정되고 나서 그 이후에 토지의 상태가 바뀐 경우 이러한 사항이 즉각 반영되지 않으며, 실제로는 도로의 폭이 8m인데 개별공시지가는 폭이 4m로 들어가서 다른 배율이 적용될 수도 있습니다.

④ 개별공시지가는 시장성을 반영한 값이 아닌 '과세'를 위한 값입니다. 따라서 시세와 괴리가 있는 경우가 대부분입니다.

이러한 사항들 때문에 개별공시지가 자체만으로 토지들의 우열을 판단하기 힘듭니다. 따라서 실제 감정평가 시에 내 땅의 개별공시지가가 옆 땅보다 비싸지만 가격이 좀 더 낮게 감정평가될 가능성이 있습니다.

3

공시지가 수준으로 감정평가하지는 않는다

　토지보상감정평가 시 공시지가기준법을 적용하는 것이 원칙입니다. 이때 '공시지가'는 법적·이론적으로 개별공시지가가 아닌 표준지공시지가를 의미하는 것입니다. 언뜻 들으면 시세와 차이가 큰 공시지가를 기준하여 감정평가하므로, '내 땅의 개별공시지가 수준'에 보상을 하는 것처럼 느껴집니다.

　반은 맞고 반은 틀립니다. 공시지가를 기준하여 감정평가를 하는 것은 맞으나, 사업의 목적 등을 고려하여 「토지보상법」상 적정가격으로 평가하게 됩니다. 공시지가기준법의 공식은 아래와 같습니다.

공시지가기준법 공식

= (적용공시지가의 선택) 비교표준지 선정×시점수정×지역요인 비교
　×개별요인 비교×그 밖의 요인 보정
= 공시지가기준가액(원/㎡)

---

1) 적용공시지가의 선택

앞서 설명했듯이, 손실보상은 당해 사업으로 인한 가치의 변동을 배제합니다. 이를 배제하기 위한 첫 번째 기술적인 방법으로 '적용공시지가 선택'이 있습니다. 가격시점, 사업인정고시일 등 또는 최초 공람공고일 이전의 표준지공시지가를 선택하게 하고 있습니다.

2) 비교표준지의 선정

표준지공시지가는 매년 1월 1일을 기준으로 하여 감정평가사들이 정책적 목적 달성 등을 위하여 감정평가한 정책적 가격이며, 사정의 개입이 없는 '깨끗한 가격'입니다. 따라서 일단 대상토지와 공법상 제한사항이 같거나 비슷하고, 이용상황이 같거나 비슷하고, 주변환경 등이 같거나 비슷하며, 인근지역에 위치하여 지리적으로 가능한 한 가까이 있는 비교표준지를 선정하여 대상토지와 비교하게 됩니다.

3) 시점수정

표준지공시지가는 매년 1월 1일을 공시기준일로 하여 산출됩니다. 표준지공시지가의 가격은 지금 가격이 아닌 1월 1일의 가격이라는 뜻입니다. 그런데 만약 가격시점(감정평가의 기준이 되는 날짜)이 2021. 7. 1.이라면, 그 사이 정상적인 지가상승분을 어떻게 반영하여야 할까요? 부동산의 가격은 계속 변동하는데요. 이럴 때 방법상으로 적용하는 것이 시점수정입니다.

시점수정은 가격시점과 표준지공시지가의 공시기준일이 상이하여 표준지공시지가를 시점수정할 경우 지가변동률을 적용하는 것을 의미합니다. 해당 공익사업으로 인한 지가의 영향을 받지 아니하는 지역의 지가변동률을 적용합니다. 여기서도 해당 사업으로 인한 가치의 변동분을 배제하기 위한 여러 법적 장치들이 있습니다.

4) 지역요인과 개별요인 비교

시점수정을 통해 가격시점 당시 비교표준지의 가격이 산정되었다면, 본격적으로 비교표준지와 내 땅을 비교합니다. 비교표준지 가격의 높고 낮음이 아닌 '비교치' 자체에 주안점을 둔다는 점에 유의하여야 합니다. 감정평가사들은 '비교표준지와 대상의 우열세'부터 판단하고 비교치를 적용합니다. 이는 지대별로 달라집니다. 예컨대 주택지대의 경우 가로조건(가로의 폭 등), 접근조건(상가와의 접근성 등), 환경조건(인근환경 등) 등을 각각 비교하게 됩니다.

5) 그 밖의 요인 보정(기타요인 보정, 이하 그 밖의 요인 보정)

위의 과정을 거치면 가격시점 당시 대상토지의 「부동산가격공시법」상 적정가격이 산정됩니다. 보상금액이라기보다는 대상토지의 정책적 가격이 산정되는 것입니다. 그러면 어떻게 「토지보상법」상 적정가격으로 바꿀까요? 변환의 키는 바로 그 밖의 요인 보정입니다.

그 밖의 요인 보정은 「감정평가에 관한 규칙」 제14조 제2항 제5호 등에 의거하여 시점수정, 지역요인 및 개별요인의 비교 외에 대상 토지의 가격에 영향을 미치는 사항을 반영하는 것을 의미합니다. 인근지역 내 가격수준 등을 고려함으로써 감정평가액의 적정성을 유지하기 위하여 필요합니다. 「토지보상법」에는 직접적으로 적용하라는 명문의 규정은 없으나, 「감정평가에 관한 규칙」 제14조 제2항 제5호, 국토교통부 유권해석(건설부토정 30241 - 36538, 1991. 12. 28.) 및 대법원 판례[2003다38207(2004. 5. 14. 선고), 2002두5054(2003. 7. 25. 선고)] 등에 근거합니다.

즉, 가격수준을 보정하기 위해 무언가가 필요하며, 이때 그 밖의 요인 보정이라는 수단이 쓰이는 것입니다. 가격수준을 보정함에 있어 거래 사례, 평가 사례 등이 적용됩니다. '비교표준지'와 '사업 목적 등에 맞게 감정평가사가 선정한 사례'를 비교하여 비교표준지의 가격수준을 보정하게 되며, 이를 통해 대상토지의 가격수준 또한 보정이 된다는 논리입니다.

그러므로 공시지가를 기준으로 감정평가하는 것은 맞지만, 그 밖의 요인 보정을 통해 사업 목적, 가격수준 등을 반영하게 됩니다.

4

공시지가가 오르면
가격이 오르지 않나요?

상기 말한 바와 같이, 해당 사업으로 인한 가치의 변동분은 반영하지 않습니다. 개발이익은 개발한 주체가 가져가야 한다는 논리 등 때문입니다. 이는 토지의 감정평가방법인 공시지가기준법 적용 시 적용공시지가 선택 및 그 밖의 요인치 산정 시 적용되는 사례선정의 방법에 녹아들어가 있습니다.

사업인정(고시)으로 인하여 동네에 '카더라'가 아닌 '여기여기에 진짜로 조만간 사업을 할거다'라는 구체적인 사업계획이 발표되므로, 보상투기가 발생하는 등 해당 보상지역의 땅값은 가파르게 상승하기도 합니다. 이러한 '개발이익'은 법에 의거하여 배제를 하여야 합니다. 이는, 감정평가방법론상으로 ① 비교표준지의 연도를 결정하는 '적용공시지가의 선택'과 ② 사업 목적 등에 걸맞는 사례를 선정하여 가격수준을 보정해주는 '그 밖의 요인치 보정 사례 선정' 등의 절차에서 배제가 됩니다.

문제는, 공시지가는 매년 상승하는 것이 보통이므로, 적용공시지가 선택 시 올해의 공시지가가 아닌 그 전의 공시지가를 적용하면 매년의 공시지가 상승분이 반영되지 않아 가격 차이가 많이 날 것처럼 느껴진다는 것입니다.

결론부터 말하자면, 그렇지 않습니다.

1 적용공시지가 선택

표준지공시지가는 매년 1월 1일을 공시기준일로 하여 공시됩니다. 감정평가의 일반적인 원칙은 가격시점 당시 공시된 공시지가 중에서 기준시점에 가장 가까운 시점에 공시된 표준지공시지가를 선정하는 것입니다.

그러나 보상평가에 있어서만큼은 해당 공익사업으로 인한 가치변동의 배제원칙에 따라 이러한 적용공시지가의 일반적인 선정기준과 달리 적용하는 경우가 있습니다.

해당 사업의 시행에 따른 가치의 변동분을 배제하기 위하여는 이런 변동분이 없는 지역의 표준지 및 사례를 선정하여 비교·보정하는 것이 가장 좋을 수 있으나, 어디서부터 개발이익이 없느냐에 대한 지역의 경계설정이 어렵고, 가치의 변동을 직접 공제하는 방법을 적용한다 해도 그 판단이 자의적으로 행해질 수 있으며 이로 인해 해당 공익사업으로 인한 가치변동의 배제가 완전하지 못하다는 단점이 있을 수 있습니다. 이에 따라 「토지보상법」은 적용공시지가를 소급하는 방법을 사용하고 있습니다. 아예 사업인정고시일 등 이전의 공시지가를 적용하면 해당 사업으로 인한 가치의 변동분이 제거된다는 논리입니다. 이는 크게 사업인정이 있기 전의 취득이냐, 후의 취득이냐 등에 따라 달리 적용됩니다(「토지보상법」 제70조 제3~5항).

1) 사업인정 전 취득

사업인정 전의 협의에 의한 취득의 경우에는 해당 토지의 가격시점 당시에 공시된 공시지가 중에서 기준시점에 가장 가까운 시점을 공시기준일로 하는 표준지공시지가로 합니다.

2) 사업인정 후 취득

사업인정 후의 협의 또는 재결에 의한 취득의 경우에는 사업인정 고시일 전의 시점을 공시기준일로 하는 공시지가로서, 해당 토지에 대한 협의 또는 재결 당시 공시된 공시지가 중에서 해당 사업인정 고시일에 가장 가까운 시점을 공시기준일로 하는 표준지공시지가로 합니다(ex 2018. 2. 1. - 사업인정고시, 2020. 7. 1. - 가격시점인 경우, 2018년 공시지가를 적용하여 2020. 7. 1.의 적정가격을 산출함).

3) 해당 공익사업으로 인하여 토지가치가 변동된 경우

위에도 불구하고 해당 사업으로 인한 가치의 변동이 확실히 배제되지 못한 경우가 있을 수 있습니다. 법에서는 이러한 경우를 일괄적으로 규정하고 있으며(「토지보상법」 제70조 제5항), 구체적인 사항은 「토지보상법 시행령」 제38조의2에 규정하고 있습니다.

이러한 경우에 해당하면 해당 공고일 또는 고시일 전의 시점을 공시기준일로 하는 공시지가로서 해당 토지의 기준시점 당시 공시된 공시지가 중에서 해당 공익사업의 공고일 또는 고시일에 가장 가까운 시점을 공시기준일로 하는 표준지공시지가로 합니다(ex 2017. 10. 10. - 최초 공람공고일, 2018. 2. 1. - 사업인정고시, 2020. 7. 1. - 가격시점인 경우에 「토지보상법」 제70조 제5항이 적용된다면 2017년 공시지가를 적용하여 2020. 7. 1.의 적정가격을 산출함).

2 ▷ 토지보상의 KEY는 그 밖의 요인 보정치 산정 시 적용되는 사례

토지보상 질의 · 상담 그리고 이의신청서 등을 보게 되면 흔히 오해하는 부분이 '적용공시지가를 의도적으로 예전 것을 적용하여 가격을 낮췄다'입니다. 적용공시지가 선택만 보면 그렇게 느낄 수도 있습니다. 그러나 공시지가기준법 산식상 가장 뒤에 오는 '그 밖의 요인 보정'까지 전체적으로 보게 된다면 그렇지 않다는 것을 알 수 있습니다.

그 밖의 요인 보정치를 산정하는 방법은 ① 비교표준지를 기준으로 산정된 대상토지의 감정평가액과 거래 사례 등을 기준으로 산정된 대상토지의 감정평가액을 비교하여 보정하는 방법(대상토지 기준 산정방식) 또는 ② 거래 사례 등을 적용하여 비교표준지 공시지가를 직접 보정한 후 이를 기준으로 대상토지를 감정평가하는 직접 보정방법(표준지 기준 산정방식)이 있습니다.

| 대상토지 기준 산정방식 |

(거래 사례 등 기준 대상토지 평가) 사례가격×시점수정×지역요인×개별요인

(공시지가 기준 대상토지 평가) 공시지가×시점수정×지역요인×개별요인

| 표준지 기준 산정방식 |

(거래 사례 등 기준 표준지 평가) 사례가격×시점수정×지역요인×개별요인

(표준지공시지가 시점수정) 공시지가×시점수정

구체적인 공시지가기준법 적용의 예시를 통해 살펴보면 다음과 같습니다.

공시지가기준법 공식
= (적용공시지가의 선택) 비교표준지 선정×시점수정×지역요인 비교
×개별요인 비교×그 밖의 요인 보정
= 공시지가기준가액(원/㎡)

ex 가격시점: 2020. 7. 1.인 도로사업

2018. 1. 1. 공시지가: 1,000,000원/㎡

2020. 1. 1. 공시지가: 1,200,000원/㎡

그 밖의 요인 보정치 적용 사례: 3,000,000원/㎡(시점수정치: 1.00000)

시점수정치: 2018. 1. 1.~2020. 7. 1.: 1.20000

2020. 1. 1.~2020. 7. 1.: 1.05000

지역요인 비교치 및 개별요인 비교치: 공히 1.000

그 밖의 요인 보정치는 표준지 기준 산정방식으로 산정

- 2018. 1. 1.을 적용공시지가로 선택한 경우

  그 밖의 요인 보정치:

  $$\frac{3,000,000 \times 1.00000 \times 1.000 \times 1.000}{1,000,000 \times 1.20000} ≒ 2,500(2.50으로\ 결정)$$

  ∴ $1,000,000 \times 1.20000 \times 1.000 \times 1.000 \times 2.50 ≒ 3,000,000$원/㎡

- 2020. 1. 1.을 적용공시지가로 선택한 경우

  그 밖의 요인 보정치:

  $$\frac{3,000,000 \times 1.00000 \times 1.000 \times 1.000}{1,200,000 \times 1.05000} ≒ 2,381(2.38로\ 결정)$$

  ∴ $1,200,000 \times 1.05000 \times 1.000 \times 1.000 \times 2.38 ≒ 3,000,000$원/㎡

2018. 1. 1. 기준 공시지가를 적용하건 2020. 1. 1. 공시지가를 적용하건 결국 금액은 같다는 것을 볼 수 있습니다. 다만, 현실에서는 단수차이 등에 따라 약간은 차이가 있을 수 있습니다.

왜냐하면 예전의 공시지가를 적용하여도 시점수정치 적용 시 시점 간 가격차이가 반영이 되며, 표준지 가격이 그 밖의 요인 보정치 산정 시 분모부분에 들어가기 때문입니다. 그러므로 올해 공시지가를 적용하지 않고 재작년 공시지가를 적용하는 것이 법상·이론상·감정평가방법상으로 볼 때 의도적으로 보상금을 낮추는 것은 아닙니다.

「토지보상법」 제70조(취득하는 토지의 보상)

③ 사업인정 전 협의에 의한 취득의 경우에 제1항에 따른 공시지가는 해당 토지의 가격시점 당시 공시된 공시지가 중 가격시점과 가장 가까운 시점에 공시된 공시지가로 한다.

④ 사업인정 후의 취득의 경우에 제1항에 따른 공시지가는 사업인정고시일 전의 시점을 공시기준일로 하는 공시지가로서, 해당 토지에 관한 협의의 성립 또는 재결 당시 공시된 공시지가 중 그 사업인정고시일과 가장 가까운 시점에 공시된 공시지가로 한다.

⑤ 제3항 및 제4항에도 불구하고 공익사업의 계획 또는 시행이 공고되거나 고시됨으로 인하여 취득하여야 할 토지의 가격이 변동되었다고 인정되는 경우에는 제1항에 따른 공시지가는 해당 공고일 또는 고시일 전의 시점을 공시기준일로 하는 공시지가로서 그 토지의 가격시점 당시 공시된 공시지가 중 그 공익사업의 공고일 또는 고시일과 가장 가까운 시점에 공시된 공시지가로 한다.

「토지보상법 시행령」 제38조의2(공시지가)

① 법 제70조 제5항에 따른 취득하여야 할 토지의 가격이 변동되었다고 인정되는 경우는 도로, 철도 또는 하천 관련 사업을 제외한 사업으로서 다음 각 호를 모두 충족하는 경우로 한다.

1. 해당 공익사업의 면적이 20만 제곱미터 이상일 것
2. 해당 공익사업지구 안에 있는 「부동산 가격공시에 관한 법률」 제3조에 따른 표준지공시지가(해당 공익사업지구 안에 표준지가 없는 경우에는 비교표준지의 공시지가를 말하며, 이하 이 조에서 "표준지공시지가"라 한다)의 평균변동률과 평가대상토지가 소재하는 시(행정시를 포함한다. 이하 이 조에서 같다)·군 또는 구(자치구가 아닌 구를 포함한다. 이하 이 조에서 같다) 전체의 표준지공시지가 평균변동률과의 차이가 3퍼센트포인트 이상일 것
3. 해당 공익사업지구 안에 있는 표준지공시지가의 평균변동률이 평가대상토지가 소재하는 시·군 또는 구 전체의 표준지공시지가 평균변동률보다 30퍼센트 이상 높거나 낮을 것

실제 이용과 다른 감정평가 금액이
나오는건 왜죠?

모든 부동산에 소유권이 광범위하게 포괄적으로 인정이 된다면, 내 땅에 내가 건물을 짓건 농사를 하건 내 마음대로 할 수 있습니다. 그러나 이렇게 되면 토지의 난개발, 도시미관 저하, 도시의 효율성 악화 등의 현상이 일어날 수 있기 때문에 국가에서는 모든 필지에 대해 법으로 용도지역·용도지구·용도구역 및 지목 등을 지정하여 해당 규제 내에서 토지를 이용하게 하고 있으며, 해당 규제 내용을 벗어나게 토지를 쓴다면 불법으로 규정하고 있습니다.

1 현실적인 이용상황을 기준으로 하는 감정평가 원칙을 제대로 알아보자

보상감정평가를 포함한 모든 감정평가는 현실적인 이용상황 그대로 감정평가하는 것을 원칙으로 하고 있습니다. 현실적인 이용상황이란, 지적공부상의 지목에 불구하고 기준시점(가격시점)의 실제 이용상황으로서, 주위환경이나 대상토지의 공법상 규제 정도 등으로 보아 인정 가능한 범위의 이용상황을 말합니다. 예컨대, 대상토지에 대한 형질변경행위가 완료되어 현실적인 이용상황의 변경이 이루어 졌다고 보여지는 경우에는 비록 공부상 지목변경절차를 마치기 전이라고 하더라도 변경된 실제 현황을 기준으로 감정평가합니다. 이런 경우에는 형질변경비용 등을 감안한 토지가격이 산출됩니다. 이렇게 하는 것이 정당보상 원칙에 부합하기 때문입니다.

그러나 모든 경우에 현실적인 이용상황을 기준하여 감정평가가 될까요? 건물을 지으면 안 되는 땅에 건물을 지었다고 해서 그 땅이 일반 대지가격으로 감정평가가 된다면, 보상지역 내 토지에는 아마 건물이 많이 지어질 것입니다.

따라서 예외적으로 관련 법령 등에서 달리 규정하는 경우, 불법적인 이용인 경우 등은 현실적인 이용상황을 인정하지 않습니다.

대표적으로는 현재의 이용이 일시적이라고 판단되는 일시적 이용상황(대지를 지을 수 있음에도 일시적으로 방치되어 있는 토지 등)인 경우, 허가받지 않고 건물을 지은 무허가건축물 등의 부지, 불법으로 형질변경된 토지 등이 있습니다.

2 건물이 있는데 왜 대지값이 나오지 않나요?

1) 무허가건축물 등의 부지란?

행위제한일 이전에 존재하는 무허가건축물은 보상감정평가의 대상이 됩니다. 그러나 그 무허가건축물 부지의 감정평가는 다른 문제입니다. 건물이 지상에 있는데 그 부지(해당 면적)는 왜 건부지가격이 나오지 않느냐는 질의가 상당히 많습니다. 이런 사례의 다수는 무허가건축물 등(불법용도변경 건축물 포함)의 부지인 경우입니다.

무허가건축물 등이란 「건축법」 등 관련 법령에 의하여 허가를 받거나 신고를 하고 건축 또는 용도변경을 하여야 하는 건축물을 허가를 받지 아니하거나 신고를 하지 아니하고 건축 또는 용도변경한 건축물을 의미합니다(「토지보상법 시행규칙」 제24조).

무허가건축물 등의 부지인 경우, 해당 토지에 무허가건축물 등이 건축될 당시의 이용상황을 기준하여 감정평가합니다. 즉, 지목 '전' 지상에 무허가건축물 등이 있다면, '전 가격'으로 보상하게 됩니다. 다만, 예외적으로 무허가건축물 등의 부지이나 이를 적법하게 보는 경우가 있습니다.

2) 1989년 1월 24일 이전에 건축된 무허가건축물 등의 감정평가

1989년 1월 24일 당시의 무허가건축물 등은 이를 적법한 건축물로 봅니다(「토지보상법 시행규칙」 부칙 제5조 제1항). 이 경우 면적사정은 해당 건축물 등의 적정한 사용에 제공되는 면적을 기준으로 합니다. 다만, 사용되고 있는 면적이 법령상 건폐율을 적용하여 산정한 면적을 초과하는 경우에는 건폐율을 적용하여 산정한 면적을 상한으로 합니다.

무허가건축물 등이 1989년 1월 24일 이후에 건축되어 무허가건축물 등이 건축될 당시의 이용상황을 기준으로 감정평가한다면 이 역시 현실적인 이용상황을 기준으로 하는 원칙에 대한 예외에 해당합니다. 따라서 해당 건물이 무허가건축물(1989년 1월 24일 이후에 건축)이라는 점을 사업시행자가 입증하여야 합니다.

여기서 유의할 점은, 1989년 1월 24일 당시의 무허가건축물 등의 부지에 해당되어 현실적인 이용상황을 기준으로 감정평가하는 경우의 면적사정도 보상대상의 확정에 해당하므로 사업시행자가 확정한다는 점입니다. 따라서 이 사항 또한 조서 작성 시 성실히 조사에 임하여 사업시행자에게 면적 확정 요구를 하여야 합니다.

이외에도, 해당 공익사업으로 인하여 사용승인을 받지 못한 경우, 토지조서 작성시점에는 무허가건축물 등의 부지에 해당하였으나 기준시점(가격시점)에 사용승인을 받은 경우에는 무허가건축물로 보지 않습니다.

6

국가에서 내 땅에 금 그어놓고 싸게 가져가는 건가요?

1 용도지역 등 공법상 제한의 이해

공법상 제한을 받는 토지란 「국토계획법」·「수도권정비계획법」 및 「도정법」 등 관계법규에 의하여 이용규제나 제한을 받는 토지를 의미합니다. 토지는 합법적인 테두리 안에서 이용해야 하므로, 가치는 현재의 공법상 제한 상태 등을 고려하여 형성됩니다. 따라서 공법상의 제한을 받는 토지는 제한받는 상태대로 감정평가하는 것이 원칙입니다. 그런데 보상감정평가 시에는 이 부분에 문제가 있습니다.

내 토지의 일부가 도시계획시설 '공원'으로 지정이 된다면, 그 부분은 집을 짓기도 상당히 어렵고 개발하기도 힘듭니다. 따라서 토지를 사고팔 때 그 부분의 값어치는 상당히 떨어질 것입니다. 따라서 이 부분이 감안이 되지 않는다면, 국가에서 의도적으로 도시계획시설선을 그은 이후에 감정평가를 시세보다 싸게 해서 강제로 취득할 수 있습니다. 따라서 이를 방지하며, 해당 사업으로 인한 가치의 변동분을 배제하고자 공법상 제한이 해당 공익사업의 시행을 직접 목적으로 하여 가하여진 경우에는 제한이 없는 상태를 상정하여 감정평가하게 됩니다.

2 ▶ 공법상 제한이 없는 상태를 상정하여 감정평가하는 경우

1) 해당 공익사업의 시행을 직접 목적으로 가하여진 경우

공법상 제한이 해당 공익사업의 시행을 직접 목적으로 하여 가하여진 경우에는 제한이 없는 상태를 상정하여 감정평가합니다. 해당 사업으로 인한 가격의 변동분을 배제하는 것과 궤를 같이 합니다. '이 사업을 하지 않았다면?'의 가격을 산출한다고 생각하면 됩니다.

2) 해당 공익사업의 시행을 직접 목적으로 하여 용도지역 등이 변경된 경우

'해당 공익사업의 시행을 직접 목적으로 가하여진 경우'의 대표적인 예시로, 용도지역 등이 변경된 경우가 있습니다. 대규모 택지개발사업 등에서는 종종 개발사업을 진행하며 선행조치로서 용도지역을 변경합니다. 이 경우 또한 용도지역 등이 변경되기 전의 상태를 기준으로 하여 감정평가하게 됩니다.

앞서, 보상감정평가액은 시세와 다를 경우가 있다고 했는데 대표적인 예시가 바로 이 경우입니다. 도시계획시설 '도로'가 일부분에 지정된 경우, 담보·경매·일반시가참고 목적 등의 감정평가에서는 지정된 부분을 정상적인 토지가치에서 감가하거나 이 부분은 아예 평가하지 않을 수 있습니다. 환가성 등을 고려하여 실제 시장에서도 감가되어 거래될 것이기 때문입니다. 그러나 보상감정평가 시에는 이를 고려하지 않습니다. 현실 시장에서 거래될 만한 금액을 감정평가하는 것이 아닌 '공익사업의 원활한 수행 등'을 위한 감정평가이기 때문입니다. 따라서 국가에서 내 토지에 금 그어놓고 싸게 가져가지는 않습니다.

7

잔여지가 무엇이고 보상감정평가할 때 어떻게 하나요?

공용수용의 본질은 '강제취득'입니다. 따라서 사유재산권의 침해를 최소화하기 위하여 수용해야 하는 토지 및 지장물은 공익사업의 시행을 위하여 '필요한 최소한의 범위'에 그쳐야 합니다. 그러나 때에 따라 수용목적물을 최소화하는 것이 오히려 피수용자에게 손실이 크게 될 수 있습니다. 따라서 예외적으로 필요한 최소 범위보다 좀 더 확장하여 수용 또는 사용할 수 있게 법에서는 규정하고 있습니다.

대표적으로는 '잔여지 등의 매수 및 수용 청구'가 있습니다. 또한, 정당보상에 보다 합치하기 위한 '잔여지의 가치하락 등에 따른 손실'이라는 개념도 있습니다.

1 잔여지란?

잔여지란 일단의 토지 중 그 일부가 협의에 의하여 매수되거나 수용됨으로 인하여 남게 되는 토지를 의미합니다(「토지보상법」 제73조 제1항). 즉, 내 토지의 일부가 사업구역에 편입이 되어 공용수용이 된 후 그 남은 토지라고 보면 됩니다. 동일한 토지소유자인지, 일단의 토지였는지 등을 요건으로 검토합니다.

잔여 부분을 남기지 않고 전체 토지를 수용한다면 오히려 괜찮을 수 있습니다. 그러나 그렇지 않고 일부분만 수용하는 경우가 현실 보상에서는 상당히 사례가 많습니다. 잔여지에 관련한 논점은 현실 보상사업에서 자주 만나는 주제입니다.

2 잔여지의 가치하락 등에 따른 손실

편입부분만을 보상하고 잔여지의 가치하락 또는 필요한 공사비 등에 대하여 별도로 보상하지 않는다면, 보상 전에 비하여 보상 후의 재산권의 가치가 감소되기 때문에 이는 헌법상 정당한 보상에 부합하지 않습니다. 따라서 법에서는 잔여지의 가치하락 등에 따른 손실을 인정하고 있습니다.

앞서 말했듯이, 기본적으로 공용수용의 목적물은 최소화하여야 하는 것이 기본적인 보상의 구조이기 때문에 잔여지 수용은 '종래의 목적에 사용하는 것이 현저히 곤란한 때' 인정이 됩니다. 그러나 이와 관계없이 '수용되고 남는 토지부분의 가치하락'은 언제나 존재하기 때문에, 잔여지의 가치하락 등에 따른 보상은 잔여지를 종래의 목적에 사용하는 것이 현저히 곤란하게 되었는지에 관계없이 인정됩니다.

감정평가방법론상으로는 잔여지의 가치하락에 따른 보상평가는 공익사업시행지구에 편입되기 전의 잔여지의 가액에서 공익사업시행지구에 편입된 후의 잔여지의 가액을 '뺀' 금액으로 감정평가하도록 규정하여 전후비교법을 적용합니다(「토지보상법 시행규칙」 제32조 제1항). 즉, '수용 전 깔끔했던 토지단가'에서 '수용 후 남은 부분만의 토지단가'를 차감하여 산정합니다. 수용 후 남은 부분만의 토지단가를 산정할 때 가장 중요한 포인트는 형상 등이므로, 개별 사업, 개별 토지에 따라 구체적으로 판단하게 됩니다.

'토지의 일부가 도로사업에 편입되어 도로가 된다면, 도로확장으로 인해 토지 일부의 가치가 올라가서 더 이득일 수도 있을텐데?'라는 생각이 들 수 있습니다. 그러나 남는 토지의 형상, 도로조건 등이 개선되어 잔여지의 가치가 증가하는 등의 경우에도 이는 상계하지 않는다는 것이 법의 태도입니다. 즉, 해당 공익사업으로 인한 가치의 증가분은 고려하지 않습니다(「토지보상법」 제66조, 사업시행이익과의 상계금지). 왜냐하면 해당 공익사업으로 인하여 인근지의 토지소유자 모두가 받는 통상의 이익에 의한 지가의 상승을 잔여지의 토지소유자에게도 인정하여 잔여지와 인근지 간의 형평을 유지하여야 하기 때문입니다. 내 땅 일부가 빼앗기는 것도 마음이 아픈데, 나만 지가 상승의 혜택을 못 보는 것은 너무 억울하기 때문입니다. 그러므로 이런 가치증가분은 상계하지 않습니다.

잔여지의 가치하락 등에 따른 손실에 대한 주장은 해당 사업의 공사완료일부터 1년 내의 기간 동안 주장이 가능합니다. 다만, 잔여지의 가치하락 등을 감정평가할 때에 현실적으로 '얼마만큼 하락'했는지는 공사가 마무리 될 때까지 알기가 어렵습니다. 공사 착수도 안했는데 '만약 여기에 도로를 깔고, 만약 저만큼이 남고, 만약…'이란 가정을 계속 부여하여야 하기 때문입니다. 따라서 실무적으로는 소유자들이 재결단계 등에서 본인이 직접 쓰건 관련 전문가의 도움을 받건 이의신청서에 관련 사항을 아주 빼곡하게 적어서 이의신청을 하며, 이때 가장 중요한 포인트는 대상 토지의 형상 등 확정입니다.

이와 유사한 논리로 '잔여건축물 보상'이 있습니다. 도로확장공사 등의 사업에 따라 내 건물의 일부분이 잘려나가는 경우에 하는 보상이라고 생각하면 됩니다. 이 경우 가장 유의할 점은 전체 건물을 보상하는 것이 아니며, 잔여건축물의 가격 감소분과 건물을 잘라내고 잔여부분을 다시 쓸만한 비용(보수비 등)을 보상한다는 점입니다. 또한, 현재 상태에서 더 좋게 건물을 쓰게 하는 것이 아닌 보수비만 보상하므로, 시설개선비는 보상하지 않는다는 점에 유의하여야 합니다.

3 잔여지 등의 매수 및 수용 청구

사업에 편입이 안된 남는 토지가 '① 종래의 목적에 ② 사용하는 것이 현저히 곤란하게 된 때'에는 토지소유자의 청구에 의해 사업시행자가 해당 토지의 전부를 매수하거나 수용할 수 있습니다. 사업인정 이후에는 관할 토지수용위원회에 수용을 청구할 수 있습니다. 또한, 수용의 청구는 매수에 관한 협의가 성립되지 아니한 경우에만 할 수 있으며, 그 사업의 공사완료일까지 하여야 합니다.

잔여지 등의 매수 및 수용 청구는, '필요한 최소범위 내 수용해야 한다는 원칙'의 예외이기에 현실적으로는 상당히 제한적으로 인정되고 있습니다. '① 종래의 목적'이라 함은 취득 당시에 해당 잔여지가 현실적으로 사용되고 있는 구체적인 목적을 의미하고, 장래 이용할 것으로 예정된 목적은 이에 포함되지 않습니다. 따라서 '내가 원래는 이러이러하게 쓰려고 했는데' 등의 주장은 받아들여지기가 현실적으로 어렵습니다.

또한, '② 사용하는 것이 현저히 곤란하게 된 때'는 말 그대로 사용하는 것이 현저하게 곤란할 때뿐만 아니라 이용은 가능하나 많은 비용이 소요되는 경우 또한 포함합니다(대법원 2005. 1. 28. 선고 2002두4679 판결).

구체적으로는, 대지로서 면적이 너무 작거나 부정형 등의 사유로 건축물을 건축할 수 없거나 건축물의 건축이 현저히 곤란한 경우, 농지로서 농기계의 진입과 회전이 곤란할 정도로 폭이 좁고 길게 남거나 부정형 등의 사유로 영농이 현저히 곤란한 경우, 공익사업의 시행으로 교통이 두절되어 사용이나 경작이 불가능하게 된 경우, 또는 이와 유사한 정도로 잔여지를 종래의 목적대로 사용하는 것이 현저히 곤란하다고 인정되는 경우 등이 있습니다(「토지보상법 시행규칙」 제39조 제1항). 이때에는 잔여지의 위치·형상·이용상황 및 용도지역, 공익사업 편입토지의 면적 및 잔여지의 면적 등을 검토하게 됩니다.

내 토지의 일부만이 사업에 편입이 된다면 잔여지 관련 사항은 반드시 눈여겨보아야 합니다. 편입되는 부분의 보상금 증액에만 몰두할 것이 아닌, 편입되지 않는 부분의 보상 또한 챙겨야 하기 때문입니다.

8

건물 등은 어떻게 감정평가하나요?

공익사업지역 내 토지는 사업을 위해 반드시 필요하므로 어떤 형태로든 취득 또는 사용합니다. 그러나 통상 그 위에 있는 건물, 수목 등은 공익사업을 위해 필요하지 않습니다. 오히려 없어야 하는 물건입니다. 그러므로 이 물건들은 사업시행자 입장에서 취득하는 것이 아닌 다른 곳에서 온전히 그 물건을 또 이용하게끔 해야 합니다. 그러므로 취득비가 아닌 이전비로 보상하는 것이 원칙입니다. 종종 보상전문가라는 사람들이 나와서 건물은 무조건 원가법이므로 만드는 비용에서 감가한다고만 말을 하는데, 이는 원칙적으로는 틀린 말입니다.

1 지장물이란?

공익사업시행지구 내의 토지에 정착한 건축물·공작물·시설·입목·죽목 및 농작물 그 밖의 물건 중에서 당해 공익사업의 수행을 위하여 직접 필요하지 아니한 물건을 말합니다(「토지보상법 시행규칙」 제2조 제4호).

2 건축물 등의 평가

건축물 등은 이전비로 감정평가하는 것이 원칙입니다. 그러나 주택처럼 이전하는 것이 일반 상식에 부합하지 않는 경우가 있을 수 있습니다. 따라서 법에는 이전비 보상의 예외가 열거되어 있습니다.

「토지보상법」 제75조(건축물등 물건에 대한 보상)
① 건축물·입목·공작물과 그 밖에 토지에 정착한 물건(이하 "건축물등"이라 한다)에 대하여는 이전에 필요한 비용(이하 "이전비"라 한다)으로 보상하여야 한다. 다만, 다음 각 호의 어느 하나에 해당하는 경우에는 해당 물건의 가격으로 보상하여야 한다.
1. 건축물등을 이전하기 어렵거나 그 이전으로 인하여 건축물등을 종래의 목적대로 사용할 수 없게 된 경우
2. 건축물등의 이전비가 그 물건의 가격을 넘는 경우
3. 사업시행자가 공익사업에 직접 사용할 목적으로 취득하는 경우

주택과 같은 건물들은 ① 통상 이전하기 어렵거나 ② 이전해도 그 전처럼 쓰기가 어렵거나 ③ 이전이 가능하고 그 전처럼 쓸 수 있다고 하더라도 이전비가 물건의 가격을 넘는 경우가 대부분이라 통상 이전비가 아니라 취득비로 감정평가합니다. 또한, 원가법으로 평가하며(주거용 건축물은 거래사례비교법과 비교), 주거용 건축물등의 가격이 6백만 원 미만인 경우 그 보상액은 6백만 원으로 합니다(무허가건축물 등은 제외).

무허가건축물 등의 부지와 다르게, 사업인정고시일 등 이전에 지어진 무허가건축물은 적법 여부를 떠나 원칙적으로는 감정평가의 대상이 된다는 점에 유의하기 바랍니다.

3 　과수, 묘목, 입목 등의 평가

과수 또는 관상수 등은 이식이 가능한 결실기냐 아니냐, 이식이 불가능하냐 등에 따라 고손율 등을 적용하여 감정평가합니다. 묘목은 상품화 가능 여부를 보고, 입목은 벌기령, 수종 등 여러 요인 등을 종합적으로 고려하여 감정평가합니다.

지장물 중에서 주택 등 건물보다는 수목에 관한 분쟁이 참 많습니다. 피수용자 대부분은 '내가 지금까지 키우면서 들인 비용, 시장에서 거래가격 등'을 생각하여 그에 걸맞는 보상금액이 나올 것이라 생각하지만, 이전비로 감정평가하는 것이 원칙이므로 감정평가사들은 '이전할 때 얼마일까'에 초점을 맞추어 감정평가를 진행하기 때문입니다. 그러므로 과수, 묘목, 입목 등의 현장조사 시 물건의 가격을 설명함과 함께 '이전할 때 얼마나 난이한지'도 현장을 나온 전문가에게 충분히 말하는 것이 좋을 것이라 생각합니다.

공작물 등은 건축물대장이나 등기 등에 기재되어 있지 않아서 현장에서 확인할 수밖에 없습니다. 그러므로 물건조서 작성 시에 '필히' 성실히 조서 작성에 임하여서 내 재산에 대한 목록을 정확하고 면밀하게 모든 것들을 다 작성하여야 합니다. 가격의 고저는 둘째로 하더라도, 일단 감정평가 자체를 받아야 하기 때문입니다. 종종 보상사업에 동의하지 않아 조사 자체를 거부하는 분들이 있는데, 오히려 이러면 내 재산권의 적정한 보호가 되기 힘듭니다. 그렇기 때문에 일단 조사만큼은 확실하고 성실히 하여야 합니다.

9

권리금도 손실보상의 대상이 되나요?

영업하기 좋은 자리가 마침 생겨서 권리금을 주고 매달 월세 내고 영업을 하고 이제 막 자리를 잡았습니다. 그런데 보상사업을 한다고 합니다. 자리 잡은 이 동네를 벗어나는 것도 힘든데, 권리금은 받을 수 있을까요?

권리금이란 임대차 목적물인 상가건물에서 영업을 하는 자 또는 영업을 하려는 자가 영업시설·비품, 거래처, 신용, 영업상의 노하우, 상가건물의 위치에 따른 영업상의 이점 등 유형·무형의 재산적 가치의 양도 또는 이용대가로서 임대인, 임차인에게 보증금과 차임 이외에 지급하는 금전 등의 대가를 말하며, 이론적으로 권리금은 유형재산·무형재산으로 구분하거나 시설권리금·지역권리금·영업권리금 등으로 구분하여 보고 있습니다.

내부 식기류, 의자, 인테리어 등 시설권리금이 가장 보편적인 권리금일 것입니다. 이는 「민법」상 부합에 해당하므로, 원칙적으로 그 소유권은 건물의 소유자에게 귀속된다고 봅니다. 다만, 임대차계약 등에 의해 인테리어 부분의 소유권이 임차인에게 귀속되는 경우가 있을 수도 있습니다. 임차인의 물건으로 기재되어 있거나 인테리어 부분이 포함된 영업시설을 영업자에게 보상하는 경우에는 사업시행자가 물건조서에 이를 기재하며, 건물가격에서 해당 인테리어 가격을 공제하고 감정평가합니다. 임차인 앞으로 물건조서가 작성되어 있다면, 고정비 부분에서 대부분 보상이 됩니다. 따라서 조서 작성 시 사업시행자 및 소유자와 협의 및 확정이 필요합니다.

영업권리금은 임차인 영업보상에서 보상의 대상이 된다고 볼 수 있어 큰 문제가 되지 않습니다. 실무적으로 논란이 큰 부분은 '후행 임차인에 대한 권리금 상당액'입니다.

임차인에 대한 권리금은 임대인에게 주장할 수 없고, 단지 후임차인을 통하여 회수할 수 있다는 가능성만을 가지고 있다고 봅니다. 따라서 이러한 권리금은 일반적인 기대나 희망에 해당되어 원칙적으로 재산권의 범주에 속하지 않으므로 보상대상이라고 볼 수 없다는 것이 현행법의 입장입니다. 또한, 권리금이 보상대상이 되기 위해서는 재산권의 실질을 가져야 합니다. 「헌법」상의 재산권은 구체적 권리가 아닌 영리획득의 단순한 기회나 기업 활동의 사실적·법적 여건은 재산권으로 보지 않고 있습니다(헌재 2002. 7. 18. 99헌마574 결정 참조). 이러한 관점에서 대부분의 권리금은 재산권의 범주에 포함되기 어려울 것으로 보이고 또한 「토지보상법」에서 이를 보상대상으로 규정하고 있지 않습니다. 따라서 권리금 자체는 보상대상에 포함하지 않습니다.

요약하자면, 시설권리금, 영업권리금 등은 보상금액에 부분적으로 포함되어 있기는 하지만, 명시적으로 권리금 자체의 보상은 하지 않습니다. 사회가 다변화되고 발전하며 공익사업의 종류가 다양해질수록 권리금 보상평가에 대한 논의가 지속되리라 생각됩니다.

10

토지보상에서 감정평가사가
중요한 이유

협의보상 단계에서는, **소유자추천 감정평가사 선정**이 무엇보다 중요합니다. 왜냐하면 가격과 관련한 거의 모든 결정은 감정평가사가 하며, 토지보상금은 둘 이상의 감정평가사들이 결정한 가격의 산술평균액이기 때문입니다. 따라서 소유자추천 감정평가사를 선정하게 된다면 내가 선정한 감정평가사가 가격결정을 하기 때문에 좀더 내 의견이 반영될 수 있는 가능성이 있습니다.

보상 사업지구 내 보상계획 공고 시에는 토지소유자가 보상계획의 열람기간 만료일로부터 30일 이내에 감정평가사를 추천할 수 있다고 공고하고 개별적으로 통지하여야 합니다. 추천은 사업지구 내 토지면적의 2분의 1, 소유자의 2분의 1 이상의 동의가 있으면 가능합니다.

규모가 어느 정도 큰 사업지구의 경우 대책위 차원에서 감정평가사 선정을 위한 설명회 및 투표 등을 진행하고 있어 설명회에서 각 감정평가사들의 해당 사업지구 내 전반적인 설명을 듣고 투표를 하곤 합니다. '반드시 이 가격이 나오게 하겠다' 하는 감정평가사는 반드시 피하기 바랍니다. 보상 감정평가는 소유자추천 감정평가사만이 하는 것이 아니고, 사업시행자 추천 감정평가사, 시·도지사 추천 감정평가사도 하기 때문에 그 가격이 안 나올 가능성이 높기 때문입니다.

수용재결 및 이의재결 단계에서는, **의견서 작성 시 전문가의 도움을 받는 것이 가장 중요**합니다. 협의보상 감정평가 이후 금액이 마음에 들지 않는 등 협의가 불성립된 경우 사업시행자가 재결을 신청하게 됩니다. 그 이후 수용재결 열람공고를 하게 되며, 14일간 의견서제출을 하라고 합니다. 요즘은 많은 분들이 정보공개청구를 통해 감정평가서를 받고 이를 기초로 스스로 의견서를 작성하는 경우가 있습니다.

그러나 정보공개청구를 하여 해당 감정평가서를 받아보아도 이 단어가 무슨 뜻인지, 왜 이 가격이 나왔는지 보면서도 이해가 안 가는 경우가 태반일 겁니다.

집안 재산 중에 가장 큰 자산인 토지와 관련된 일입니다. 따라서 이를 지키기 위해 감정평가사, 변호사, 행정사 등의 도움을 받아 진행하는 것이 가장 좋습니다. 다만, 다른 이의신청서를 그대로 복사하여 붙여넣는 사람에게 도움을 요청하기보다는, **보상의 전반적인 내용을 잘 알고 쟁점이 되는 사항에 대한 숙련도가 높은 전문가의 도움**을 받는 것이 중요합니다.

수용재결을 간다고 해서 무조건 이득은 아닙니다. 협의보상 감정평가 이후 최소 수 개월 이후 수용재결의 절차에 들어가기 때문에 특별한 일이 없는 한 그 기간 동안의 지가상승률 등이 반영되어 통상 수용재결의 감정평가금액이 협의보상 감정평가금액보다 다소 높을 수 있습니다. 그러나 재투자와 세금의 관점에서는 무조건 재결을 가는 것이 합리적일까요?

이 글을 쓰는 현재를 지금도 부동산 세법은 계속해서 변화하고 있습니다. 작년의 세법으로는 올해의 세금산정이 어려운 부분도 꽤 많습니다. 최근 여러 보상사업들이 진행되면서 특히 토지보상과 관련한 세법은 갈수록 난해해지고 변화무쌍해지고 있습니다. 그러므로 **이의신청과 동시에 고려해야할 점**이 바로 **세금**입니다. 따라서 세금의 전문가로서 토지보상 전문 세무사의 도움을 받는 것 또한 중요합니다.

결론적으로 말하자면, 그저 막연하게 가격을 올려달라고 하기보다는 감정평가사, 세무사 등 토지보상 관련 전문가의 도움을 받아 정확하고 확실한 컨설팅을 받는 것이 내 토지보상금을 지키는 첫걸음이라 생각합니다.

공익수용의
양도소득세 기본

앞서 공익수용 토지소유자가 필수적으로 확인할 사항을 알아보았다면, 이번에는 양도소득세의 기본원리 및 계산구조에 대해서 알아보도록 하겠습니다.

소득세는 과세에 있어서 개인에 귀속하는 각종 소득을 사업소득, 양도소득 등으로 나누어 원천별로 과세하고 있습니다. 이를 분류과세라고 하며, 우리나라에서는 종합소득·퇴직소득·양도소득을 분류 과세하고 있습니다. 그러므로 양도소득세는 자주 접하는 종합소득세와는 다른 계산구조로 산정되며, 양도소득세만의 각종 감면과 비과세 요건들이 있습니다.

이에 더해 수용에만 해당하는 양도소득세 적용세법과 감면적용이 있어 일반양도와는 계산적용이 조금 다릅니다. 보상가액의 몇 % 정도만 세금으로 고려하면 된다는 단순한 추정계산은 수용보상금으로 재투자를 할 때 도움이 되지 않는 정보가 될 수 있습니다.

취득금액, 기타필요경비, 신고 및 납부기한, 가산세 및 감면 한도 등 공익수용의 양도소득세에 대해 이해하면서 나의 양도소득세는 어떻게 산정되며, 어떻게 절세할 수 있을지 알아보겠습니다.

양도소득세 계산구조

다음 상황에 따른 양도소득세를 계산해보면서 계산구조를 익혀보
도록 하겠습니다.

〈상황〉 1. 2023년 5월: 사업인정고시
2. 2024년 5월: 수용보상금 각 10억 원 수령

- 토지소유자 A: 2000년 1월 지목상 '전'을 3억 원에 취득, 인근 거주하면서
  계속 농사를 지어 8년 농지자경감면 1억 원 적용 가능
- 토지소유자 B: 2023년 1월 지목상 '대지'를 6억 원에 취득, 대지는 어떤
  용도로도 쓰고 있지 않아 비사업용토지로서 10% 중과세율 적용

두 토지소유자 중 누가 납부세액이 많고, 얼마나 더 납부하여야
할까요?

1 토지소유자 A의 양도소득세 계산

| 양도소득세 계산 내역 요약 |

(단위: 원)

	토지소유자 A	
	항목	금액
	양도가액	1,000,000,000
(−)	취득가액	300,000,000
(=)	양도차익	700,000,000
(−)	장기보유특별공제(30%)	210,000,000
(=)	양도소득금액	490,000,000
(−)	양도소득기본공제	2,500,000
(=)	과세표준	487,500,000
(×)	세율	과세표준×40% − 25,940,000
(=)	산출세액	169,060,000
(−)	감면세액	100,000,000(8년 자경감면)
(=)	납부할세액(지방소득세 포함)	75,966,000

양도가액 10억 원과 취득가액 3억 원의 차액인 7억 원이 양도차익이 됩니다.

장기보유특별공제는 물가상승으로 인하여 보유이익이 과도하게 누적되는 것을 감안하여 일정기간 이상 보유한 부동산 양도의 경우 양도차익에서 공제율을 곱한 만큼을 공제하여 줍니다.

| 장기보유특별공제율 |

일반 부동산 장기보유특별공제	
보유기간	공제율
3년 이상~4년 미만	6%
4년 이상~5년 미만	8%
연마다 2%씩 공제율 증가	
14년 이상~15년 미만	28%
15년 이상	30%

※ 1세대1주택 장기보유특별공제는 p.270 참고

　토지소유자 A의 토지 취득일이 2000년이므로, 수용보상금 수령일인 2024년까지 15년 이상 보유하였기 때문에 양도차익의 30%인 2억1천만 원이 장기보유특별공제됩니다.

　산정된 양도소득금액에서 납세의무자별로 1년에 250만 원씩 양도소득기본공제를 한 후의 금액을 과세표준으로 하여 「소득세법」상 세율로 세액을 산출합니다.

| 양도소득세 기본 누진세율표 |

과세표준	세율	누진공제
1,400만 원 이하	6%	–
5,000만 원 이하	15%	126만 원
8,800만 원 이하	24%	576만 원
1.5억 원 이하	35%	1,544만 원
3억 원 이하	38%	1,994만 원
5억 원 이하	40%	2,594만 원
10억 원 이하	42%	3,594만 원
10억 원 초과	45%	6,594만 원

토지소유자 A의 과세표준이 3억 원 초과~5억 원 이하의 구간이므로 40% 세율과 누진공제 2,594만 원을 차감하여 산출세액을 계산하면, 169,060,000원(487,500,000×40%-25,940,000)이 산정됩니다.

토지소유자 A는 8년 농지자경감면 1억 원 적용이 가능하므로 산출세액에서 감면세액 1억 원을 차감하여 납부할 국세는 69,060,000원이 됩니다. 이때 해당 국세에 지방소득세 10%를 더하면 납부할 세액 75,966,000원이 최종 산정됩니다.

2 토지소유자 B의 양도소득세 계산

| 양도소득세 계산 내역 요약 |

(단위: 원)

	항목	금액
	양도가액	1,000,000,000
(−)	취득가액	600,000,000
(=)	양도차익	400,000,000
(−)	장기보유특별공제	−(0%)
(=)	양도소득금액	400,000,000
(−)	양도소득기본공제	2,500,000
(=)	과세표준	397,500,000
(×)	세율	과세표준×50% − 25,940,000
(=)	산출세액	172,810,000
(−)	감면세액	−
(=)	납부할세액(지방소득세 포함)	190,091,000

양도가액 10억 원과 취득가액 6억 원의 차액인 4억 원이 양도차익이 됩니다. 2023년 1월 취득하였고 2024년 5월 보상을 받게 되므로 보유기간이 3년 미만임에 따라 장기보유특별공제는 적용받을 수 없게 됩니다.

사업인정고시일로부터 2년(2021. 5. 4. 이후 사업인정고시되는 사업은 5년) 이전에 취득하였다면 사업용으로 사용하지 않았더라도 비사업용토지에서 제외될 수 있었지만, 토지소유자 B의 토지는 사업인정고시일로부터 2년(5년) 내에 취득하였고 사업용으로도 사용하고 있지 않아 비사업용토지가 되어 세율 10%를 중과하여야 합니다.

이를 적용하여 산출세액을 계산하면 172,810,000원 [397,500,000 × 50%(일반세율 40% + **중과세율 10%**) - 25,940,000] 이 산정됩니다.

또한, 토지소유자 B는 적용할 수 있는 감면규정이 없으므로, 위 산출세액에 지방소득세 10%를 더하여 납부할 세액은 190,091,000원이 최종 산정됩니다.

토지소유자 B의 취득가액이 토지소유자 A의 취득가액보다 두 배 높아 세액이 적을 것이라 생각할 수 있지만, 결과적으로 장기보유특별공제 미적용, 비사업용토지 중과세와 세액감면이 적용되지 않아 더 큰 세액을 납부하게 됩니다.

수용의 경우는 감면 요건과 법리판단이 일반양도에 비해 다양하게 적용되므로, 단순하게 양도가액의 몇 %를 세금으로 내면 된다는 식의 대략적인 계산은 위험합니다. 따라서 보상금 수령 후 재투자 시 의사결정에 양도소득세의 정확한 계산과 절세 여부가 큰 영향을 미칠 수 있다는 것을 유념하여야 합니다.

취득가액 산정(1)

취득가액이란, 당해 자산의 취득과 관련된 직접적인 대가와 그 취득과 관련하여 지출된 부대비용을 포함하는 가액을 의미합니다. 이는 자산의 소유권이전을 통해 발생하는 경제적 이익인 양도가액과 대응되는 금액으로서, 취득 당시 발생한 일정한 지출액을 취득가액 및 기타필요경비 항목으로 인정하여 차감함으로써 양도자가 보유기간 동안 발생한 양도자산의 가치상승분인 양도차익을 합리적으로 산정하기 위함입니다.

1 취득가액 산정의 원칙

세법상 실질과세의 원칙에 따라 해당 양도하는 자산의 취득에 소요된 실지거래가액을 취득가액으로 하는 것이 원칙입니다. 이러한 실지거래가액은 취득형태에 따라 다음과 같이 구분됩니다.

① 매입자산: 매입가액에 취득세·등록면허세 기타 부대비용을 가산한 금액

② 자가건설 취득자산: 원재료비 · 노무비 · 운임 · 하역비 · 보험료 · 수수료 · 공과금(취득세와 등록면허세를 포함) · 설치비 기타 부대비용의 합계액(단, 공제받은 의제매입세액은 당해 원재료의 매입가액에서 이를 공제함)

③ 그 취득가액이 불분명한 자산과 "①" 또는 "②" 이외의 자산: 해당 자산의 취득 당시의 시가에 취득세 · 등록면허세 기타 부대비용을 가산한 금액

2 실지거래가액의 입증자료

부동산의 양도방법이 다양하므로 실지거래가액의 증빙서류 역시 천차만별입니다. 그러므로 실지거래가액의 입증자료는 실지거래에서 거래당사자 간에 생성된 문건 일체를 의미한다고 보아야 합니다. 이러한 입증자료에는 양도거래의 실질을 확인할 수 있는 일체의 증거자료가 포함되므로, 납세자가 얼마나 객관적인 증빙서류를 제출하느냐에 따라 실지거래가액의 인정범위가 달라집니다.

이하에서는 매매계약서의 형태에 따른 효력에 대해서 알아보도록 하겠습니다.

1) 거래 당시 작성된 실제계약서

거래당사자 간의 진정한 실지거래가액 매매계약서는 문제가 없습니다. 하지만 당사자들이 담합하여 허위의 거래가액으로 매매계약

서를 재작성하거나 이면계약서를 작성하였다면 과세관청 입장에서는 제출된 매매계약서의 가액이 실지거래가액이 아니라는 사실을 입증함에 중점을 두게 됩니다.

매매계약서는 필수 법정서류가 아니므로, 매매계약서가 없는 경우 여타의 증빙자료만 제출하는 경우에도 증빙서류 요건에는 충족합니다. 다만, 거래상대방의 거래사실확인서나 중개인의 중개사실확인서만 제출하는 경우 이는 임의적 서류이기 때문에 신빙성 있는 서류라고 인정되지 않을 수 있습니다.

⚖ 실제계약서 참고 판례

1. 대법원 2014두38507(2014. 12. 11.)
| 제목 | 각 매매계약서가 실제와 달리 작성되었다고 보기 어려우므로, 각 매매계약서상의 실지거래가액에 의하여 양도차익을 산정하여야 함.
| 요약 | 납세자가 실지거래가액에 관한 증빙서류로서 매매계약서 등을 제출하면 실제와 달리 작성되었다는 등의 특별한 사정이 없는 한, 매매계약서상의 실지거래가액에 의하여 양도차익을 산정하여야 할 것이고, 이 경우 특별한 사정이 있다는 점은 과세관청이 입증하여야 하므로 원고가 제출한 매매계약서상의 실지거래가액에 의하여 양도차익을 산정하여야 함.

2. 대법원 2001두7107(2001. 11. 30.)
| 제목 | 매매계약서, 거래사실확인서가 거래사실관계로 보아 실제와 다르게 작성되었거나 신빙성이 없어, 제출된 증빙서류에 의해 실지거래가액이 확인되지 않는 것으로 본 사례

| 요약 | 원고가 이 사건 토지의 취득 및 양도 시 작성되었다고 주장하고 있는 각 매매계약서, 각 거래사실확인서들에 의하여 이 사건 토지의 실지취득가액 및 실제양도가액 모두가 확인된다고 본 원심판결에는 채증법칙을 위반하여 사실을 잘못 인정한 나머지 판결의 결과에 영향을 끼친 잘못이 있으므로 이를 지적하는 피고의 상고이유의 주장은 정당하기에 이 법원은 그 주장을 받아들임.

2) 소유권 이전 시 작성한 검인계약서

1988. 10. 1.로부터 시행된 검인계약서제도는 부동산 거래계약서를 작성할 때 실제 거래가격을 기재하여 거래부동산의 소재지 관할 시장·군수·구청장의 검인을 받도록 하는 제도였습니다. 검인계약서는 부동산 등기를 신청할 때 등기원인을 증명하는 서면의 하나이며, 등기 원인이 매매 또는 교환인 경우에는 반드시 이것을 제출해야 했습니다. 검인계약서를 통해 미등기전매를 방지하고 부동산 투기조사에서도 실액과세의 토대를 마련할 목적이었지만 부동산 취득자의 취득세 및 등록세의 과세표준이 검인계약서상의 매매가액으로 계산되기 때문에 대부분 매매가액을 실지거래가액으로 작성하지 아니하고 지방세법상 시가표준액과 같거나 약간 상회하는 금액을 매매가액으로 하여 검인을 받는 것이 관례화되었습니다.

이를 통해 검인계약서는 다운계약서란 표현으로 더 익숙하게 불려지게 되었습니다. 그러므로 검인계약서가 실제계약서와 동일한 경우는 거의 없다고 볼 수 있습니다.

2006년 부동산 실거래가 신고제도를 도입한 이후부터는 실지계약서로 신고하지 않는 경우 부동산중개인 등에게 강력한 처벌규정이 생기게 되었습니다. 또한, 검인계약서상의 시가표준액에 의한 부동산 거래, 세무 신고제도가 일시에 실거래가신고제도로 전환되어 검인계약서를 통한 신고와 등기는 예외적인 경우를 제외하고는 사라지게 되었습니다.

그렇다면 2006년 이전 검인계약서로 취득한 토지소유자의 증빙서류로서의 효력은 어떻게 될까요? 판례에서는 검인계약서도 실지거래가액의 증빙서류 중 하나로 인정하고 있습니다. 이는 검인계약서에 기재된 매매가액을 실지거래가액으로 본다는 취지가 아니라, 매매계약 내용대로 작성되었다고 추정되기 때문에 매매계약서의 형식적 요건에 부합한다고 보고 있습니다. 하지만 납세자가 검인계약서를 증빙서류로 제출하였으나 과세관청에서 실지거래가액으로 볼 수 없는 객관적인 사실이 입증되면 실거래가액으로 인정되지 않습니다.

1. 대법원 2016두57991(2017. 1. 12.)

| 제목 | 검인계약서 외에 별도로 작성된 매매계약서가 존재하지 않은 이상 검인계약서는 실제 매매계약서에 해당함.

| 요약 | 검인계약서가 허위 작성되었다거나 위조되었다고 보기 어렵고, 중개인의 진술만으로 검인계약서의 효력이 부인되지 않는 등 검인계약서를 실제계약서로 보아 처분한 것은 정당함.

2. 대법원 2016두33780(2016. 6. 9.)

| 제목 | 매매사례로 적용된 취득가액이 「소득세법」상 기준시가와 소급감정가액과 현저한 차이를 보이므로 매매사례로 보기 어려움.

| 요약 | 이 사건 토지 공유자의 이 사건 각 검인계약서상의 매매대금은 실제와 달리 작성되었다고 봄이 타당하고, 이 사건 각 검인계약서상 매매가액을 '매매사례가액'으로 적용하여 이루어진 이 사건 처분은 위법함.

3) 신고목적으로 재작성한 매매계약서

실지거래가액의 증빙서류로서 매매계약서는 거래 당시 작성되어야 합니다. 거래 당시 매매계약 내용대로 매매계약서를 임의로 재작성한 경우 증빙서류의 적격 요건을 갖추었다고 보기는 어렵습니다. 따라서 계약 당시 작성된 매매계약서가 분실되거나 훼손되어 존재하지 않는다면, 매매계약서 재작성보다는 거래 당시 작성되었거나 제작된 다른 증빙서류를 실지거래가액의 증빙으로 제출하는 것이 좋습니다.

서울고법 2017누44406(2017. 10. 17.)

| 제목 | 원고가 당초 신고 시 제출한 검인계약서가 아닌 추후 재작성된 계약서상의 금액을 취득가액으로 인정할 수 있는지 여부
| 요약 | 검인계약서는 특별한 사정이 없는 한 당사자 사이의 매매계약 내용대로 작성되었다고 추정하여야 할 것이고, 그 계약서가 실제와 달리 작성되었다는 점은 그 주장하는 자가 입증하여야 함.

4) 전자복사본 매매계약서

　매매계약서의 원본이 현존하지 아니하는 문서라 하더라도, 그것이 적어도 과거에 존재한 적이 있는 문서를 전자복사한 것이라면 그 원본의 존재 및 진정성립이 인정된다고 하여 이를 서증으로 채용하여 원본을 대신할 증거능력을 갖습니다.

3

취득가액 산정(2)

1 상속 · 증여 취득가액

상속 또는 증여받은 자산의 취득가액 산정은 상속개시일 또는 증여일 현재 「상속세 및 증여세법」 규정에 따라 평가한 가액을 취득당시의 실지거래가액으로 봅니다.

여기서 "평가한 가액"이란 상속의 경우 평가기준일인 상속개시일 전후 6개월, 증여의 경우에는 증여등기접수일 전 6개월부터 증여등기접수일 후 3개월 이내의 기간 중 시가인 매매 · 감정 · 수용 · 경매가액이 있는 경우에 해당 금액으로 보고, 평가한 가액을 산정하기 어려운 경우에는 각 부동산에 따르는 보충적 평가금액으로 산정됩니다.

상속 또는 증여로 취득한 대부분의 수용부동산은 시가인 매매 · 감정 · 수용 · 경매가액이 없는 경우가 많아 시세보다 낮은 보충적 평가금액 중 기준시가로 그 취득가액이 설정되는 경우가 많습니다. 또한, 보충적 평가금액으로 상속 또는 증여 취득가액이 결정될 때

수용부동산에 임대차계약이 체결되어 있다면 임대료 환산가액과 기준시가 중 큰 금액으로 산정하여야 합니다.

더불어, 「상증세법」상 평가액이 ① 시가인 매매·감정·수용·경매가액 또는 ② 보충적 평가방법인 기준시가와 임대료 환산가액 중 큰 금액, 둘 중 하나의 가액으로 평가되더라도 담보 등으로 수용부동산이 제공되고 있다면 담보된 채권액 또는 전세금의 합계액과 비교하여 더 큰 금액으로 평가하여야 합니다.

「상증세법」상 평가액 산정방법

① 시가(매매·감정·수용·경매가액)가 있는 경우: Max(시가, 담보된 채권액 또는 전세금의 합계)
② 보충적 평가방법: Max(기준시가, 임대료 환산가액, 담보된 채권액 또는 전세금의 합계)

---

2 수용 전 5년 이내 가족 등으로부터 증여받은 경우 취득가액

세법에서는 둘 이상의 직·간접적인 거래를 통해 부당하게 양도소득세의 부담을 회피하는 것을 방지할 목적으로 이월과세 규정과 부당행위계산 부인규정을 마련하고 있습니다.

두 경우에는 양도자의 취득 당시 가액을 취득가액으로 인정하지 않고 당초 증여자의 취득 당시 가액으로 양도차익을 산정합니다. 자세한 내용은 "PART 8"을 참고하면 됩니다.

3 이혼 시 재산분할과 위자료 대물변제 시 취득가액

이혼을 사유로 부동산을 재산분할 취득하는 경우에는 공유재산의 분할로 소유권을 이전하는 것으로 보므로 양도에 해당하지 않습니다. 따라서 분할된 재산을 양도하는 경우에는 분할 전 재산의 당초 취득자의 취득가액을 적용하여 양도차익을 산정합니다.

하지만 이혼위자료로 부동산의 소유권이 이전되는 경우에는 대물변제에 의한 양도에 해당되어 양도소득세의 과세대상이 되고, 이 경우 양도 및 취득시기는 소유권이전등기접수일이 됩니다. 이때 실지취득가액은 채무액 또는 위자료에 갈음하여 대물변제된 가액이 되는 것이나, 그 가액이 불분명하여 취득 당시의 실지거래가액을 확인할 수 없는 경우 매매사례가액, 감정가액 또는 환산가액 등을 취득가액으로 합니다.

⚖️ 참고 판례

1. 대법원 2012두25033(2013. 1. 15.)

| 제목 | 양도가액을 실지거래가액, 취득가액을 환산가액으로 한 것은 동일기준 원칙에 위배되지 아니함.

| 요약 | 양도가액은 실지거래가액으로, 취득가액은 환산가액으로 하여 양도차익을 산정하더라도 동일기준 원칙에 위반된다고 볼 수 없고 부동산의 임의경매절차에서 정하여진 경락가액은 실지거래가액에 해당한다고 볼 것이므로 경락가액을 양도 당시 실지거래가액으로 보아 환산취득가액을 산정한 것은 적법함.

2. 서울고법 2018누47402(2018. 10. 23.)

| 제목 | 이혼 시 재산분할로 취득한 자산의 취득가액 산정기준

| 요약 | 이혼 조정에 따라 이혼에 의한 재산분할로서 원고에게 이 사건 주택의 이전등기를 마치게 해주기로 하였음에도 원고에게 이 사건 주택을 이전해주지 않았고, 이에 원고는 망인의 명의로 보존등기가 마쳐진 이 사건 주택에 관한 재산분할청구권을 행사하기 위해 망인의 상속인들을 상대로 이 사건 조정 및 화해권고결정을 받아 이 사건 주택에 관한 소유권이전등기를 마친 것으로서, 원고가 재산분할로 명의를 이전받은 이 사건 주택의 취득 시기는 배우자가 당초 취득한 때임.

취득계약서 분실 시 취득가액 산정

현행 양도소득세는 실지거래가액을 기준으로 한 과세가 원칙입니다. 실지거래가액 과세원칙이 적용되는 자산의 거래에 있어서 원칙적으로는 양도가액과 취득가액 쌍방의 가액을 모두 실지거래가액에 의하여야 합니다. 그런데 수용부동산을 너무 오래전에 취득하여 취득가액이 기억나지 않고 취득계약서도 분실한 경우에는 취득가액을 어떻게 산정해야 할까요?

1 실제취득가액이 명시된 증빙자료의 확보

매매계약서는 없지만 여타의 증빙자료에 실제취득가액이 명시되어 있다면 적격증빙으로 인정받을 수 있습니다. 다만, 거래상대방의 거래사실확인서나 중개인의 중개사실확인서 등 실지거래가액을 기초로 작성된 문건이라도 임의적 서류로 판단되면 신빙성 있는 증빙서류로 볼 수 없습니다.

간혹 분실하였기 때문에 거래 당시 금액으로 재작성을 하는 경우가 있습니다. 그러나 이는 매매계약서를 해당시점이 아닌 사건 이후에 임의로 재작성하는 것이므로 증빙서류의 적격 요건을 갖추었다고 보기 어렵고, 더욱이 거래 당시 실지거래 내용대로 재작성 되었는지 여부도 확인할 수 없으므로 거래적격증빙으로 인정받을 수 없다고 보는 것이 판례의 입장입니다.

따라서 거래 당시 작성된 증빙서류를 찾아 제출하거나, 취득 당시 매도자에게 연락하여 당시 매매계약서의 사본을 구할 수 있겠으나 실현가능성이 떨어집니다.

2 등기부등본 발급

부동산등기부는 부동산에 관한 권리관계 및 현황이 등기부에 기재되어 있는 공적장부입니다. 등기부등본을 통해 부동산의 지번, 지목, 구조, 면적 등의 현황과 소유권, 저당권 등의 권리설정 여부를 알 수 있습니다. 본인의 토지와 건물이 각각 구분되어 있다면 토지등기부와 건물등기부를 각각 확인하여야 합니다.

부동산 실거래가 신고제도가 2006. 1. 1.부터 시행되어 5개월의 경과조치 이후인 2006. 6. 1.부터는 등기부등본의 갑구에 거래가액이 등재되고 있습니다. 그러므로 본인의 수용부동산이 2006. 6. 1. 이후에 취득한 것이라면 등기부등본상에 취득금액이 기재되어 있을 가능성이 높습니다.

단, 다음의 경우에는 거래가액을 등기하지 않습니다.

① 2006. 1. 1. 이전에 작성된 매매계약서에 의한 등기신청을 하는 때

② 등기원인이 매매라 하더라도 등기원인증서가 판결, 조정조서 등 매매계약서가 아닌 때

③ 매매계약서를 등기원인증서로 제출하면서 소유권이전등기가 아닌 소유권이전청구권가등기를 신청하는 때

3 실제취득가액을 알 수 없다면 추계결정가액으로 산정

1) 추계결정가액 산정

장부나 그 밖의 증명서류에 의하여 해당 자산의 취득 당시의 실지거래가액을 인정 또는 확인할 수 없는 경우에는 취득가액을 매매사례가액, 감정가액, 환산가액 순서에 따라 추계로 계산할 수 있습니다.

구분	정의
매매사례가액	양도일 또는 취득일 전후 각 3개월 이내에 해당 자산과 동일성 또는 유사성이 있는 자산의 매매사례가 있는 경우 그 가액
감정가액	양도일 또는 취득일 전후 각 3개월 이내에 해당 자산에 대하여 둘 이상의 감정평가업자가 평가한 것으로서, 신빙성이 있는 것으로 인정되는 감정가액의 평균액(감정평가기준일이 양도일 또는 취득일 전후 각 3개월 이내인 것에 한정)
환산가액	양도 당시 실지거래가액·매매사례가액 또는 감정가액을 취득 당시 기준시가가 양도 당시 기준시가에 차지하는 비율만큼을 곱한 방법에 따라 환산한 취득가액

수용부동산은 매매사례가액 또는 감정가액이 적용되는 경우가 많지 않으므로, 대부분 환산가액으로 취득가액이 산정됩니다.

> 환산가액 = (양도 당시의 실지거래가액, 매매사례가액 또는 감정가액)
> ×취득 당시의 기준시가 / 양도 당시의 기준시가

예를 들어 실지양도가액은 3억 원, 양도 당시 기준시가는 2억 1천만 원, 취득 당시 기준시가는 7천만 원이라면 환산가액은 1억 원으로 산정됩니다.

> 3억 원×7천만 원 / 2억 1천만 원 = 1억 원

상담을 진행하다보면 환산가액으로 더 높은 취득가액을 산정받을 수 있다는 잘못된 정보를 믿고 취득계약서를 분실했다고 거짓말하는 토지소유자가 있습니다. 하지만 국세청은 실제취득가액을 밝혀내기 위해 수준 높은 빅데이터를 활용하며, 이로 인해 실제취득가액이 밝혀진 경우 기존 신고 시의 과소신고분과 가산세를 추가 징수합니다.

반대로 실제취득가액이 환산가액보다 더 높은 상황도 빈번히 발생합니다. 예전 취득가액을 기억하지만 취득계약서를 찾지 못한다면 낮게 측정된 환산가액을 적용할 수밖에 없으므로, 평소 취득 당시 관련증빙에 대한 보관의무를 소홀히 하지 않는 것이 중요합니다.

개인이 소유하는 토지가 2009. 2. 4. 이후 「토지보상법」에 따른 협의매수·수용 및 그 밖의 법률에 따라 수용되는 경우로서 양도 당시의 기준시가보다 보상액 또는 보상액 산정의 기초가 되는 기준시가가 낮은 경우에는 그 차액을 양도 당시 기준시가에서 차감하여 계산합니다.

| 보상액 산정 기초가 되는 기준시가를 통한 환산취득가액 예시 |

- 1990년 2월: 토지 취득(취득 당시 기준시가 5천 원)
- 2006년 11월: 사업인정고시
  (보상액 산정 시 표준지 개별공시지가로 산정된 기준시가 1만 원)
- 2009년 5월: 토지수용 보상가액 5억 원(양도 당시 기준시가 2만 원)

환산취득가액: 2억 5천만 원(= 5억 원×5천 원 / 1만 원)

2) 추계결정가액 적용 시 필요경비 개산공제액 산정

취득가액이 실지거래가액에 의하는 경우에만 자본적지출이나 양도비용(이하 "기타필요경비")을 실제지출 증빙서류에 따라 비용으로 인정하는 것이 원칙입니다. 따라서 양도가액 또는 취득가액의 실지거래가액을 인정 또는 확인할 수 없어 매매사례가액, 감정가액, 환산가액 등을 적용하여 기타필요경비를 산정하는 경우에는 실제 지출한 비용이 있다 하더라도 인정받을 수 없고, 세법에서 별도 계산하는 일정요율만 비용으로 인정됩니다. 이를 필요경비 개산공제액이라고 하며, 해당 경비만을 필요경비로 인정받습니다.

토지 및 건물에 대한 개산공제액의 산정방법은 다음과 같습니다.

① 토지: 취득 당시 토지의 개별공시지가×3/100
(미등기 양도자산의 경우 3/1,000)

② 건물: 취득 당시 주택, 오피스텔, 상업용건물의 기준시가×3
/100(미등기 양도자산의 경우 3/1,000)

3) 필요경비 개산공제액 산정의 예외

취득가액을 환산가액으로 적용하는 경우로서 아래 "①"의 금액이
"②"의 금액보다 적은 경우에는 "②"의 금액을 취득가액 및 기타필
요경비로 하여 양도차익을 산정할 수 있습니다.

이는 납세자에게 선택권을 부여함으로써 객관적으로 확인가능한
필요경비만으로 소득금액을 계산할 수 있도록 하기 위함입니다.

MAX [① 환산취득가액 + 필요경비 개산공제액
② 자본적지출액 + 양도비용]

참고 판례

서울고법 2010누46373(2011. 6. 8.)

| 제목 | 부동산의 등기부등본 및 부동산거래계약신고필증에 기재된
거래가액은 실지거래가액에 해당됨.

| 요약 | 실지거래가액이라 함은 매매계약 기타 증빙자료에 의하여
객관적으로 인식되는 가액을 말하며, 부동산의 등기부등본
및 부동산거래계약신고필증에 기재된 거래가액을 실지거래
가액으로 보고 양도소득세를 과세한 처분은 적법함.

기타필요경비

양도소득세 산정 시 비용인정을 위한 무분별한 지출남용을 막고자 기타필요경비로 인정하는 지출범위를 법으로 정하고 있습니다. 공익수용과 관련하여서 크게 4가지로 나누어 살펴보겠습니다.

① 자본적지출액

② 자산취득 후 쟁송·소송에 소요되는 비용

③ 용도변경·개량비용

④ 직접 소요되는 양도비

1 자본적지출액

자본적지출액은 소유하는 감가상각자산의 내용연수를 연장시키거나 당해 자산의 가치를 현실적으로 증가시키기 위하여 지출한 수선비를 말하며, 다음에 규정하는 것에 대한 지출을 포함하는 것으로 합니다.

① 본래의 용도를 변경하기 위한 개조
② 엘리베이터 또는 냉·난방장치의 설치
③ 빌딩 등의 피난시설 등의 설치
④ 재해 등으로 인하여 건물·기계·설비 등이 멸실 또는 훼손되어 당해 자산의 본래 용도로의 이용가치가 없는 것의 복구
⑤ 기타 개량·확장·증설 등 제1호 내지 제4호와 유사한 성질의 것 등

자본적지출액과 구분하여야 할 개념은 수익적지출액입니다. 수익적지출액이란 정상적인 수선 또는 부동산 본래의 기능을 유지하기 위한 경미한 비용을 말하며, 양도소득세 필요경비로 인정되지 않습니다.

| 자본적지출액과 수익적지출액 예시 |

자본적지출액 예시	수익적지출액 예시
주택의 이용편의를 위한 발코니 새시	벽지 또는 장판 교체비용
방 등 확장공사비	외벽도색작업
난방시설 교체비	보일러 수리비용
토지조성비	문짝이나 조명 교체비용
싱크대 공사비	싱크대 또는 주방기구 교체비용
디지털 도어록 설치비	옥상방수·타일 및 변기공사비
가스공사비	하수도관·오수정화조 설비 교체비
자바라 및 방범창 설치비용	파손된 유리 또는 기와의 대체
자본적지출에 해당하는 인테리어 비용	외장 복구 도장 및 유리의 삽입

대법원 2006두5502(2008. 4. 11.)

| 제목 | 골프장 진입도로 관련 비용의 자본적지출 해당 여부

| 요약 | 골프장 진입도로의 부지매입비용 및 도로개설비용은 이 사건 골프장 부지의 이용 편의에 제공되어 그 자산가치를 현실적으로 증가시키는 데에 소요된 비용으로서 이 사건 골프장 부지에 대한 자본적지출에 해당한다고 봄이 상당함.

2 자산취득 후 쟁송·소송에 소요되는 비용

쟁송에 소요된 금액이라 함은 취득에 관한 쟁송이 있는 자산에 대하여 그 소유권 등을 확보하기 위하여 직접 소요된 소송비용·화해비용 등의 금액으로서 그 지출한 연도의 각 소득금액의 계산에 있어서 필요경비에 산입된 것을 제외한 금액을 의미합니다.

따라서 해당 자산의 취득 단계 또는 취득 이후 단계라 하더라도 수용예정 자산의 소유권과 관련된 소송비용 등을 의미하는 것이고, 기타 자산을 운용함에 따라 발생하는 소유권 이외의 지출비용은 제외합니다.

2015. 2. 3. 이후 양도분부터 「토지보상법」이나 그 밖의 법률에 따라 토지 등이 협의매수 또는 수용되는 경우에 그 보상금의 증액과 관련하여 직접 소요된 소송비용·화해비용 등의 금액으로서 그 지출한 연도의 각 소득금액의 계산에 있어서 필요경비에 산입된 것

을 제외한 금액은 증액된 보상금액과 직접 대응되는 비용으로 인정하여 보상가액에서 차감하고 증액보상금을 한도로 경비인정합니다.

쟁송 · 소송비용 참고 판례

1. 조심2017서3601(2017. 11. 1.)

| 제목 | 수용보상금 증액 소송비용을 쟁점부동산의 양도소득금액 계산 시 필요경비로 산입할 수 있는지 여부

| 요약 | 2015. 2. 3. 시행령의 개정을 통하여 토지 등이 협의매수 또는 수용되는 경우 그 보상금의 증액과 관련하여 직접 소요된 소송비용을 필요경비라고 명확하게 규정하였는데, 이는 시행령 개정 전에도 인정되는 법리를 명문화한 것으로 볼 수 있어 토지 등의 협의매수 또는 수용에 따른 보상금의 증액과 관련하여 직접 지출한 소송비용 · 화해비용 등도 필요경비로서 양도가액에서 공제된다고 해석하는 것이 타당한 점 등에 비추어 이 건 처분은 잘못 없음.

2. 서면2020부동산3030(2022. 11. 3.)

| 제목 | 수용보상금 증액을 위해 수용재결 및 이의신청 단계에서 지출한 법무법인 성공보수의 필요경비 여부

| 요약 | 거주자가 「공익사업을 위한 토지 등의 취득 및 보상에 관한 법률」에 따른 보상금 증액을 위해 수용재결 및 이의신청 관련 사무를 법무법인에게 위임하고 지출한 성공보수는 「소득세법 시행령」 제163조 제3항 제2호의2에 따른 필요경비에 해당하지 않는 것입니다.

3 용도변경 · 개량비용

토지를 양도하기 전에 당초 필지의 지적대로 양도하지 않고 해당 토지소재지 관할 시·군·구청으로부터 허가를 받아 지목 변경, 토지의 평탄화작업 및 토지분할과 지적측량을 이행하는 경우가 있습니다.

이같은 지출비용은 토지와 관련된 필요경비로 인정됩니다.

⚖ 용도변경 · 개량비용 참고 판례

1. 서울행법 2012구단15770(2013. 12. 13.)

|제목| 양도가액에서 공제할 필요경비로서 취득가액 및 자본적지출액

|요약| 이 사건 토지의 석산을 깎고 평탄화작업을 하여 그 지목을 주차장 및 창고용지로 변경함으로써 그 가치를 현실적으로 증가시켰으며, 이러한 작업을 위하여 소요된 비용은 각 필요경비로서 공제되어야 함.

2. 서울행법 2011구단23750(2012. 12. 5.)

|제목| 양도자산의 용도변경 · 개량을 위해 개발비용을 지출한 것으로 인정됨.

|요약| 임야를 잡종지로 변경하기 위해 절토공사 등을 시행하였고 시의 개발부담금 고지에 불복하면서 개발비용 지출에 대한 증빙을 제출하였던 점, 공사비용에 대한 감정결과도 원고가 주장하는 금액과 유사한 점 등에 비추어 개발비용 등을 지출한 것으로 추인할 수 있고 양도자산의 용도변경 · 개량을 위해 지출한 비용에 해당하므로 필요경비로 공제하여야 함.

4 직접 소요되는 양도비

양도비에는 주로 취·등록세 및 관련 법무사비용, 공인중개사 수수료비용, 공증비용, 인지대, 소개비, 매매계약에 따른 인도의무를 이행하기 위하여 양도자가 지출하는 명도비용 등이 포함됩니다.

이러한 제반비용들이 양도와 관련된 경비로 인정받기 위해서는 현금영수증, 세금계산서, 신용카드전표 등 일정한 증빙을 수반해야 합니다.

다만, 2018. 4. 1. 이후 양도분부터는 분실 등의 사유로 증명서류를 제시하지 못하는 경우라 하더라도 실제 지출사실이 계좌이체 등 금융거래를 통해 입증이 되면 필요경비로 인정됩니다.

5 그 밖의 기타필요경비

① 「하천법」·「댐건설 및 주변지역지원 등에 관한 법률」그 밖의 법률에 따라 시행하는 사업으로 인하여 해당 사업구역 내의 토지소유자가 부담한 수익자부담금 등의 사업비용
② 토지이용의 편의를 위하여 지출한 장애철거비용
③ 토지이용의 편의를 위하여 해당 토지 또는 해당 토지에 인접한 타인 소유의 토지에 도로를 신설한 경우의 그 시설비
④ 토지이용의 편의를 위하여 해당 토지에 도로를 신설하여 국가 또는 지방자치단체에 이를 무상으로 공여한 경우의 그 도로로 된 토지의 취득 당시 가액
⑤ 사방사업에 소요된 비용

1. 조심2014서171(2014. 11. 17.)

| 제목 | 세입자에게 조경 및 이주에 대한 보상비 명목으로 지급한 금액을 양도가액에 포함한다면 동 금액을 필요경비에 가산함.

| 요약 | 쟁점금액은 토지 이용의 편의를 위하여 지출한 장애철거비용 또는 이와 유사한 비용에 해당하는 것으로 보이므로 자본적지출액으로 보아 필요경비에 산입하는 것이 타당함.

2. 조심2011서3773(2012. 10. 29.)

| 제목 | 토지와 건물 취득 후 토지의 이용 편의를 위해 건물을 철거하고 토지만 양도하는 경우 건물의 취득가액과 철거비용의 필요경비 산입 여부

| 요약 | 토지만 이용할 목적으로 건물도 취득한 것으로 보기 어려운 점 등을 종합할 때, 건물 취득가액을 토지 양도가액에서 공제할 필요경비로 보기는 어려우나, 토지를 양도하기 위하여 지출한 건물 철거비는 양도소득의 필요경비로 인정함이 합리적임.

양도시기와 신고 및 납부

1 ▶ 공익수용의 양도시기

수용부동산에 대한 양도가 완료되면 양도소득세를 신고 및 납부하여야 합니다. 일반적인 양도와 다르게 수용의 양도시기는 잔금청산일, 등기접수일, 수용개시일 중 빠른 날이 됩니다.

> 「토지보상법」 제50조(재결사항)
> ① 토지수용위원회의 재결사항은 다음 각 호와 같다.
>   3. 수용 또는 사용의 개시일과 기간

「토지보상법」에 따른 재결사항에는 토지수용위원회가 재결로서 결정한 수용개시일이 포함되어 있습니다. 일반 양도소득세의 양도시기와 수용의 양도시기가 다른 이유는 보상금에 대한 불복 여부에 따라 양도시기가 달라지는 문제점을 해소하고자 함에 있습니다. 「토지보상법」에서도 수용개시일에 소유권이 양도된 것으로 간주하고 있으므로, 양도시기에 수용개시일을 추가한 것입니다.

양도 또는 취득시기를 명시한 「소득세법 시행령」 제162조 제1항 제7호에는 "「토지보상법」이나 그 밖의 법률에 따라 공익사업을 위하여 수용되는 경우에는 대금을 청산한 날, 수용의 개시일 또는 소유권이전등기접수일 중 빠른 날"이라고 명시하고 있습니다. 다만, "소유권에 관한 소송으로 보상금이 공탁된 경우에는 소유권 관련 소송 판결 확정일로 한다."로 하여 소유권에 관한 소송으로 보상금이 공탁되면 소송판결 확정일로 양도시기를 보완하였습니다.

2 양도소득세 예정신고

수용의 양도시기가 도래하면 토지소유자는 양도일이 속하는 달의 말일부터 2개월 이내에 예정신고 및 납부하여야 합니다. 예정신고는 양도차익이 없거나 양도차손이 발생한 경우에도 하여야 합니다. 예정신고기한 내에 예정신고하면 납세의무가 종결되는데, 이는 조세채권을 조기 확보하고 세액의 분산납부를 도와 납세자의 세부담 누적을 방지하기 위한 취지입니다.

피상속인이 토지 등을 양도하고 예정신고기한 이전에 사망한 경우 그 상속인은 상속개시일이 속하는 달의 말일부터 6개월이 되는 날까지 사망일이 속하는 과세기간에 대한 양도소득세 예정신고를 할 수 있습니다.

예정신고하려는 자는 양도소득 과세표준 예정신고 및 납부계산서에 다음의 서류 중 본인의 수용 양도건에 관련된 서류를 첨부하여 납세지 관할 세무서장에게 제출하여야 합니다.

① 환지예정지증명원·잠정등급확인원 및 관리처분내용을 확인
  할 수 있는 서류 등
② 당해 자산의 매도 및 매입에 관한 계약서 사본
③ 자본적지출액·양도비 등의 명세서
④ 감가상각비명세서

과세관청은 행정정보의 공동이용을 통하여 토지대장 및 건축물대장등본, 토지 및 건물 등기사항증명서의 확인이 불가능한 경우에는 납세자에게 서류의 제출을 요구할 수 있습니다.

3 양도소득세 분납과 물납

1) 분납

거주자로서 예정신고 또는 확정신고 시 납부할 세액이 각각 1천만 원을 초과하는 자는 그 납부할 세액의 일부를 납부기한이 지난 후 2개월 이내에 다음과 같이 분납할 수 있습니다.

① 납부할 세액이 2천만 원 이하인 때에는 1천만 원을 초과하는
  금액
② 납부할 세액이 2천만 원을 초과하는 때에는 그 세액의 50%
  이하의 금액

납부할 세액의 일부를 분납하고자 하는 자는 양도소득 과세표준 예정신고 및 납부계산서에 분납할 세액을 기재하여 예정신고기한

또는 확정신고기한까지 납세지 관할 세무서장에게 신청하여야 합니다.

2) 물납

양도소득세에 대한 물납제도는 2016. 1. 1. 이후부터 폐지되었습니다. 아직도 물납이 된다고 알고 있었던 토지소유자는 납부할 세액만큼 토지보상금을 남겨두는 것이 좋습니다.

🔨 참고 판례

1. 대법원 2010두9372(2012. 2. 23.)

| 제목 | 소유권 소송이 진행 중인 토지의 수용보상금이 공탁된 경우 토지 양도시기는 판결의 확정일로 보아야 함.

| 요약 | 토지의 소유권 분쟁으로 소송이 진행 중이어서 양수자가 수용보상금을 공탁한 경우 공탁금에 대한 권리는 소유권 소송의 판결이 확정된 때에 비로소 실현가능성이 성숙·확정되었다 할 것이므로 토지의 양도시기는 수용보상금의 공탁일이 아니라 판결의 확정일로 보아야 할 것임.

2. 서울행법 2009구단4497(2009. 10. 29.)

| 제목 | 예정신고 분납세액 미납부 시 가산금이 부과됨.

| 요약 | 가산금은 지연이자의 의미로 부과되는 부대세의 일종으로 확정절차 없이 납부기한까지 납부하지 아니하면 당연히 발생하고 그 액수도 확정되는 것임.

7

양도소득세 관련 가산세

  공익수용을 처음 겪는 토지소유자 중 양도소득세 신고를 누락하는 경우가 간혹 있습니다. 양도소득세 신고를 누락하여 신고기한 이후에 양도소득세를 신고 및 납부하면 가산세를 추가적으로 납부하여야 합니다. 가산세란 세법에서 규정하는 의무의 성실한 이행을 확보하기 위하여 세법에 따라 산출한 세액에 가산하여 징수하는 금액을 의미합니다. 이러한 가산세는 해당 의무가 규정된 개별세법상 해당 국세의 세목으로 하고 납부할 세액에 가산하거나 환급받을 세액에서 공제합니다.

  양도소득세와 관련한 가산세는 크게 신고불성실가산세, 납부지연가산세, 신축·증축건물의 환산가액 적용에 따른 가산세가 있습니다. 가산세 적용 사유가 일반적인 사유인지 부정행위에 따른 사유인지에 따라 신고불성실가산세는 적용률이 달라집니다. 또한, 일정 기간 내에 성실히 신고의무를 이행한 경우에는 가산세를 감면해주며, 세법상 의무를 이행하지 않은 정당한 사유가 있는 경우에는 가산세를 면제하기도 합니다.

1 신고불성실가산세

수용부동산 소유자가 수용 후 법정신고기한 내에 양도소득세 과세표준 신고의무를 이행하지 않았거나 과소신고한 세액에 대해서는 세법상 부정행위 여부에 따라 10~40%의 가산세율을 적용합니다.

사유	무신고	과소신고
일반	무신고 납부세액×20%	과소신고 납부세액×10%
부정행위	무신고 납부세액×40%	과소신고 납부세액×40%

* 무신고 · 과소신고 납부세액이란, 무신고 · 과소신고된 산출세액에서 각종 세액공제 · 세액감면, 기납부세액 등을 차감한 세액을 의미합니다.

* 세법상 부정행위란, 다음의 경우를 말합니다.
  * 이중장부의 작성 등 장부의 거짓 기장
  * 거짓 증빙 또는 거짓 문서의 작성 및 수취
  * 장부와 기록의 파기
  * 재산의 은닉, 소득 · 수익 · 행위 · 거래의 조작 또는 은폐
  * 고의적으로 장부를 작성하지 아니하거나 비치하지 아니하는 행위 또는 계산서, 세금계산서 또는 계산서합계표, 세금계산서합계표의 조작
  * 전사적 기업자원 관리설비의 조작 또는 전자세금계산서의 조작
  * 그 밖에 위계(僞計)에 의한 행위 또는 부정한 행위

2 납부지연가산세

수용부동산 소유자가 수용 후 법정신고기한 내에 양도소득세 과세표준에 따른 세액을 납부하지 않았거나 미달하여 납부한 경우에는, 다음의 가산세를 당초 납부하여야 할 세액에 가산하여 납부하

여야 합니다. 이 경우 일수의 계산은 당초 법정신고 · 납부기한의 다음 날부터 자진납부일 또는 고지일까지의 일수로 산정합니다.

> **납부지연가산세**
> = 미납 · 미달 납부한 세액×미납 · 미달 납부한 일수
> ×0.025%(2022. 2. 15. 이후분은 0.022%)

3 가산세의 면제

다음에 해당하는 정당한 사유가 있는 경우에는 가산세를 부과하지 않습니다. 이러한 면제규정은 감면신청과 함께 관할 세무서장으로부터 승인을 받아야 합니다.

① 「토지보상법」에 따른 토지 등의 수용 또는 사용, 「국토의 계획 및 이용에 관한 법률」에 따른 도시 · 군계획 또는 그 밖의 법령 등으로 인해 세법상 의무를 이행할 수 없게 된 경우

② 세법해석에 관한 질의 · 회신 등에 따라 신고 · 납부하였으나 이후 다른 과세처분을 하는 경우로서 납세자가 세법해석에 관한 질의회신의 취지에 따라 기한 내 신고 및 납부 또는 감면신청을 하였으나 감사지적에 따라 이후 번복된 과세처분 또는 감면세액을 추징하는 경우

다만, 가산세 면제규정을 악용하는 것을 방지하기 위하여 다음의 경우에는 가산세를 감면하지 않습니다.

① 해당 국세에 관하여 세무공무원이 조사에 착수한 것을 알고 과세표준수정신고서 또는 기한후과세표준신고서를 제출한 경우
② 해당 국세에 관하여 관할 세무서장으로부터 과세자료 해명통지를 받고 과세표준수정신고서를 제출한 경우

4 ▶ 건물 환산가액 적용에 따른 가산세

세금을 적게 납부할 목적으로 실지거래가액이 아닌 환산가액을 적용하여 양도소득세를 신고하는 경우가 있습니다. 이를 방지하기 위해 2018. 1. 1. 이후 양도하는 분부터 수용부동산의 소유자가 건물을 신축·증축하고 그 신축·증축한 건물의 취득일부터 5년 이내에 해당 건물을 양도하는 경우에 환산가액을 그 취득가액으로 신고하면 해당 건물 환산가액의 5%를 가산세로 납부하여야 합니다.

양도소득세 산출세액이 없는 경우에도 환산가액 적용에 따른 가산세는 적용합니다.

5 ▶ 신고불성실가산세의 감면

가산세는 법정신고기한이 경과한 후 신고하거나 수정신고를 하는 경우 신고불성실가산세를 감면합니다. 가산세의 감면은 신고의무만 이행하면 족하고 납부의무까지 이행할 필요는 없습니다.

1) 무신고에 따른 기한후신고 시 가산세 감면

법정신고기한이 지난 후	감면율
1개월 이내	50% 감면
1개월 초과 3개월 이내	30% 감면
3개월 초과 6개월 이내	20% 감면

2) 과소신고에 따른 수정신고 시 가산세 감면

법정신고기한이 지난 후	감면율
1개월 이내	90% 감면
1개월 초과 3개월 이내	75% 감면
3개월 초과 6개월 이내	50% 감면
6개월 초과 1년 이내	30% 감면
1년 초과 1년 6개월 이내	20% 감면
1년 6개월 초과 2년 이내	10% 감면

1. 대법원 2012두11270(2012. 8. 30.)

| 제목 | 수용보상금 공탁 후 소유권이전등기절차 이행소송이 진행 중인 사유만으로 가산세 감면의 정당한 사유가 있다고 볼 수 없음.

| 요약 | 수용보상금 공탁 후 제기된 소송은 소유권이전등기절차를 이행하라는 소송에 불과하고 보상금이 공탁된 사유도 '보상금을 받을 자를 알 수 없었을 때'가 아니어서 원고를 피공탁자로 하여 공탁된 점 등에 비추어 부동산에 관한 분쟁 등의 사정이 양도소득세를 신고·납부하지 못한데 대한 정당한 사유가 된다고 볼 수 없음.

2. 조심 2014광1768(2014. 5. 21.)

| 제목 | 쟁점토지에 대한 수용재결처분 취소소송이 진행 중이었으므로 신고·납부불성실가산세 부과를 면제하여야 한다는 청구주장의 당부

| 요약 | 쟁점토지의 수용재결처분의 취소를 구하는 소송의 진행은 청구 종중의 양도소득세 신고·납부의무 해태를 탓할 수 없는 정당한 사유로 인정하기 어렵고, 처분청이 예정신고, 납부기한의 다음 날부터 기산하여 납부불성실가산세를 계산한 것도 적법하므로, 처분청의 이 건 신고·납부불성실가산세 부과처분은 잘못이 없음.

8

공익수용 전후 추가양도 발생 시 합산신고 계산

1 합산신고란?

양도소득세 예정신고는 양도일이 속하는 달의 말일부터 2월 이내에 신고 및 납부하여야 합니다. 그렇다면 같은 과세기간에 2회 이상 부동산을 양도하면 어떻게 신고하여야 할까요?

양도소득세는 1년 동안 같은 과세대상 그룹에서 발생한 양도차익 전체에 대하여 신고 및 납부하는 세금입니다. 그러므로 수용보상금 수령 전후로 다른 부동산 양도가 1회 이상 이루어졌거나 이루어질 예정이라면 꼭 합산신고를 하여야 합니다. 2회 차에 양도한 과세대상에 대해서만 양도소득세 예정신고를 하여도 되지만, 이 경우에는 확정신고 기한인 다음 연도 5월 1일부터 5월 31일까지 해당 과세기간에 양도한 모든 양도자산에 대해서 합산하여 신고 및 납부하여야 합니다.

양도차익이 없거나 양도차손이 발생한 때에도 합산신고의무가 있습니다.

합산신고는 대개 절세에 불리합니다. 이유는 양도소득세는 누진세율구조에 따라 산정되기 때문입니다. 예를 들어 수용 시 소득세 최고세율 적용구간인 10억 원 이상의 과세표준이 발생하게 되면 45%(지방소득세 포함 49.5%)의 높은 세율을 적용받게 되고, 같은 그룹의 양도자산을 재차 양도하게 되면 추가 과세표준의 적용세율이 곧바로 45%의 높은 세율을 적용받게 됩니다.

이처럼 합산신고 시 높은 세액부담이 발생하므로 같은 과세대상의 양도가 이루어지기 전에 세무사와 미리 상담하기 바랍니다.

반면 2그룹인 주식의 양도가 수용 전에 있었다면, 해당 양도는 수용부동산과는 다른 그룹이므로 별도 계산되기 때문에 합산에 대한 높은 누진세율 과세는 발생하지 않게 됩니다.

2 합산신고 예시

**<상황1> A토지 양도로 양도소득금액 3억 원 발생, 같은 과세기간에
수용양도로 B건물의 양도소득금액 4억 원 발생**

1) A토지 양도소득세

	구분	금액
	A토지 양도소득금액	300,000,000
(−)	양도소득기본공제	2,500,000
(=)	과세표준	297,500,000
(×)	세율	과세표준×38% − 19,940,000
(=)	산출세액	93,110,000
(=)	납부할세액(지방소득세 포함)	102,421,000

* A토지 양도일이 속하는 달의 말일부터 2개월 이내에 예정신고를 하여야 합니다.

2) B건물 수용 시 합산 양도소득세

	구분	금액
	B건물 양도소득금액	400,000,000
(+)	기신고된 A토지 양도소득금액	300,000,000
(−)	양도소득기본공제	2,500,000
(=)	과세표준	697,500,000
(×)	세율	과세표준×42% − 35,940,000
(=)	산출세액	257,010,000
(−)	기신고세액	93,110,000
(=)	납부할세액(지방소득세 포함)	180,290,000

* B건물 양도일이 속하는 달의 말일부터 2개월 이내에 예정신고를 하여야 합니다. B건물 예정신고 시 합산신고서를 작성하지 않으면 다음 연도 5월 달에 합산신고서를 작성하여 확정신고 및 납부하여야 합니다.

<상황 2> A토지의 양도 과세기간과 수용되는 B건물의 양도 과세기간이 다르다면 세액은 어떻게 될까요?

1) 2022년 A토지 양도소득세

	구분	금액
	A토지 양도소득금액	300,000,000
(−)	양도소득기본공제	2,500,000
(=)	과세표준	297,500,000
(×)	세율	과세표준×38% − 19,940,000
(=)	산출세액	93,110,000
(=)	납부할세액(지방소득세 포함)	102,421,000

* A토지 양도일이 속하는 달의 말일부터 2개월 이내에 예정신고를 하여야 합니다.

2) 2023년 B건물 수용 시 합산 양도소득세

	구분	금액
	B건물 양도소득금액	400,000,000
(−)	양도소득기본공제	2,500,000
(=)	과세표준	397,500,000
(×)	세율	과세표준×40% − 25,940,000
(=)	산출세액	133,060,000
(=)	납부할세액(지방소득세 포함)	146,366,000

* B건물 양도일이 속하는 달의 말일부터 2개월 이내에 예정신고를 하여야 합니다.

이처럼 과세기간만 달리 양도하여도 세부담이 약 3,392만 원 이상 절세되는 것을 알 수 있습니다.

과세기간이 다르면 양도소득 기본공제를 연마다 적용받고, 낮은 누진세율로 세액이 산정되기 때문입니다.

3 양도차손을 활용한 절세전략

하지만 과세기간이 다르다고 무조건 절세를 할 수 있는 것은 아닙니다. 만약 양도차손이 발생하는 부동산이 있다면 어떻게 될까요?

예를 들어 기존에 취득한 부동산이 4억 원이었는데 현재 시세가 3억 원이고 부동산의 시세가 더 낮아질 것 같은 불안한 상황을 가정해보겠습니다.

때마침 매수자가 나타났습니다. 그렇다면 해당 부동산을 양도한 후 동 과세기간에 수용 보상금액을 받는 것이 합리적입니다. 양도차익이 합산되듯이 양도차손도 이후 발생한 부동산 양도차익과 합산되면서 양도차익을 줄여주는 효과를 가져오기 때문입니다.

1억 원의 양도차손 이후 발생한 부동산 양도차익 1억 원을 줄여준다면 최고세율 가정 시 4,950만 원(지방소득세 포함)이 절세가 되며, 두 부동산의 양도가액으로 재투자를 위한 재원 마련을 준비할 수도 있습니다.

1. 헌재 2009헌바218(2010. 7. 29.)

| 제목 | 양도소득세를 부과함에 있어 같은 과세기간에 이루어진 일반 양도소득과 공용수용으로 인한 양도소득을 합산하여 누진세율을 적용하는 것은 두 유형의 소득을 다르게 취급하여야 할 이유가 없어 재산권을 침해하거나 평등원칙에 반하지 않음.

| 요약 | 양도 및 양도소득의 개념, 양도소득세의 본질과 특성 등에 비추어 보면, 양도시기를 스스로 결정하는데 있어서의 일반양도와 공용수용의 차이는 양도소득을 합산해 과세함에 있어 다르게 취급하여야 할 본질적인 요소라 할 수 없고, 양도소득세를 부과함에 있어서 같은 과세기간 내의 일반양도로 인한 양도소득과 공용수용으로 인한 양도소득을 합산해 누진세율을 적용하여 과세하는 것은 평등원칙에 반하지 않음.

2. 전주지법 2011구합1860(2011. 11. 8.)

| 제목 | 귀속시기가 다른 양도차익과 양도차손을 통산할 수 없음.

| 요약 | 귀속시기가 서로 다른 양도차익과 양도차손을 통산하여 양도소득금액을 계산할 수 없음.

9

양도소득세 감면 한도 및 적용 사례

공익수용 관련하여 다양한 양도소득세 감면이 적용 가능합니다. 이러한 양도소득세 감면 한도는 자산별이 아닌 인별로 계산되며, 각각의 감면에 대해 일정 한도가 정해져 있습니다. 감면에 대한 세부적인 사항들은 다음 파트에서부터 알아보고, 우선 적용받을 수 있는 감면에 대한 종류와 한도에 대해서 알아보겠습니다.

1 ▶ 공익수용 관련 양도소득세 감면 종류와 감면 한도

| 수용부동산 관련 대표적인 감면 8가지 |

구분	감면 유형	1과세기간 한도	5과세기간 한도	농어촌 특별세
1	자경농지에 대한 양도소득세 감면	1억 원	2억 원˚	X
2	농지대토에 대한 양도소득세 감면	1억 원	1억 원*	X
3	공익사업용토지 등에 대한 감면	1억 원	2억 원	감면세액의 20% (자경농지는 제외)
4	대토보상에 대한 양도소득세 과세 특례	1억 원	2억 원	감면세액의 20%

구분	감면 유형	1과세기간 한도	5과세기간 한도	농어촌 특별세
5	축사용지에 대한 양도소득세 감면	1억 원	2억 원	X
6	어업용토지에 대한 양도소득세 감면	1억 원	2억 원	X
7	자경산지에 대한 양도소득세 감면	1억 원	2억 원	X
8	개발제한구역지정에 따른 매수 대상 토지에 대한 양도소득세 감면	1억 원	X	감면세액의 20%

* 농지대토만 감면받는 경우에는 1억 원, 타 감면을 포함하는 경우에는 2억 원

감면 한도는 각 과세기간에 대한 감면 한도와 5과세기간 동안에 대한 감면 한도가 있으므로 각각 감면 한도액을 계산하여야 하고, 특정감면은 감면받은 세액의 20%를 농어촌특별세로 납부하여야 합니다. 여기서 감면 한도는 해당 과세기간에 다른 감면을 포함하여 산정됩니다. 5과세기간의 한도 역시 다른 감면을 포함하여 산정됩니다.

즉, 해당 과세기간에 농지를 양도하여 1억 원의 농지자경감면을 적용받은 후 다른 부동산에 수용이 발생하면 수용부동산에 공익수용감면이 적용되더라도 해당 과세기간의 한도인 1억 원을 농지자경감면으로 받은 상황이므로 추가 감면을 받을 수 없습니다.

다만, 2024. 1. 1. 이후 양도분부터 토지의 일부 또는 토지의 지분을 양도하는 경우로서 토지를 분할(해당 토지의 일부를 양도한 날부터 소급하여 1년 이내에 토지를 분할한 경우)하여 그 일부를 양도하거나 토지의 지분을 양도한 후 그 양도한 날로부터 2년 이내에 나머지 토지나 그 지분의 전부 또는 일부를 동일인이나 그 배우자에게 양도하는 경우에는 1개 과세기간에 해당 양도가 모두 이루어진 것으로 보아 감면 한도를 적용합니다.

수용의 경우는 위 감면규정 중 둘 이상을 동시에 적용받을 수 있는 경우가 자주 발생합니다. 본인에게 더 큰 감면이 되는 감면 요건을 살피되 종합한도를 고려하여 감면 요건을 적용하는 것이 중요합니다. 예를 들어 농지자경감면과 개발제한구역감면 둘 다 적용가능하다면 당연히 농지자경감면을 선택하는 것이 유리합니다. 개발제한구역감면은 1억 원의 감면세액에 대한 농어촌특별세 20%가 발생하여 최대 2천만 원의 추가 납부세액이 발생하기 때문입니다.

2 감면규정 적용 사례

감면규정을 적용하는 방법에 대해서 6가지 사례로 나누어서 알아보도록 하겠습니다.

구분	사례		적용 방법
1	1필지의 토지 등을 2 이상의 용도로 사용		용도별로 해당 감면규정 각각 적용
2	협의매수·수용 시 2가지 이상 다른 방법으로 보상		보상 유형별로 해당 감면규정 각각 적용
3	여러 필지의 토지가 2개의 용도로 수용된 경우		필지별 사용현황에 따라 감면 한도 내에서 감면규정 각각 적용
4	1필지의 일부가 보유기간이 다른 경우		보유기간별로 해당되는 감면규정 적용
5	주거지역 등 편입 경우	1필지 중 일부만 편입	주거지역 등에 편입된 부분과 미편입된 부분별로 각각 감면규정 적용 가능
		편입일 전·후 소득에 감면	편입일 전·후 소득에 대해 각각 다른 감면규정 적용 불가능
6	1필지의 토지를 공동소유한 경우		소유자별로 해당되는 감면규정을 각각 적용

① 수용되는 1필지 토지가 일부는 농지이고 일부는 건물부수토지라면 농지에 대해서는 농지자경감면을 적용하고, 건물부수토지에 대해서는 공익수용감면을 적용할 수 있습니다.

② 협의매수·수용 시 일부는 현금보상, 일부는 채권보상을 하게 될 때 현금보상에 대해서는 공익수용 감면율 10%를, 채권보상에는 공익수용 감면율 15~40%를 각각 적용할 수 있습니다.

③ 8년 이상 재촌·자경한 개발제한구역 내에 소재하는 농지 및 창고용지가 수용된 경우로서 농지는 농지자경감면을 적용받을 수 있고, 창고 및 창고용지는 개발제한구역감면 또는 공익수용감면을 적용받을 수 있습니다. 다만, 감면 한도 내의 금액만 감면 가능합니다.

④ 1필지의 농지가 수용될 시 필지 일부는 10년 자경을 하였고 필지 일부는 5년 자경을 하였다고 가정할 때, 앞 필지 일부는 농지자경감면을 적용받을 수 있고 뒤 필지 일부는 농지대토감면을 적용할 수 있습니다.

⑤ 농지 중 일부는 자연녹지지역이고 일부는 주거지역이면 자연녹지지역은 농지자경감면을 적용하고, 주거지역은 공익수용감면을 적용받을 수 있습니다. 이와 같이 편입된 부분과 미편입된 부분별로 각각 감면규정을 적용할 수 있습니다.

그러나 주거지역으로 편입된 경우로서 편입일까지의 소득금액과 편입일 후의 소득금액을 각각 계산한다면 편입일까지의 소득은 농지자경감면을 적용받지만, 편입일 후의 소득은 공익수용감면을 적용받을 수 없습니다.

⑥ 1필지의 농지를 공동소유하고 있다면 직접 자경한 소유자는 농지자경감면을 적용받고, 자경을 하지 않았던 소유자는 일정 요건 충족 시 공익수용감면을 적용받을 수 있습니다.

감면에 대해서는 다양한 경우의 수가 나올 수 있으므로 법리판단을 꼼꼼히 하는 것이 중요합니다.

참고 판례

1. 헌재 94헌바39(1995. 6. 29.)

| 제목 | 양도소득세 감면의 종합한도액을 3억 원으로 설정하고 있는 구(舊) 조세감면규제법 제88조의2(양도소득세 감면의 종합한도)의 규정이 조세공평주의나 평등의 원칙에 위배되는지 여부

| 요약 | 동 규정으로 인하여 납세자 간에 발생하는 일부 차별의 정도는 동 규정이 위 감면의 한도를 제한함으로써 실현되는 정의와 공평성의 회복의 정도에 비교, 형량하여 볼 때 결코 더 크지 아니하다고 할 것이어서 납세자들을 불합리하게 차별하는 규정이라고는 볼 수 없고 조세공평주의나 평등의 원칙에 위배되지 아니함.

2. 의정부지법 2018구합14412(2019. 1. 22.)

| 제목 | 양도소득세 감면 한도 관련 종전 규정 소급적용 가능 여부

| 요약 | 원고는 개정세법 시행일 이후 이 사건 토지를 양도하였으므로, 양도소득세 감면 한도를 1억 원으로 한 "개정 후 양도소득세 감면 한도"가 적용됨.

10

공익수용 시 비거주자 체크포인트

「소득세법」에서 국적보다 중요한 것은 납세의무자가 거주자인지 비거주자인지 여부입니다. 거주자와 비거주자의 판단은 "국내에 주소 또는 1과세기간 동안 183일 이상 거소"를 두고 있는지 여부에 따라 판별하므로 원칙적으로 국적과는 관계가 없습니다.

거주자와 비거주자의 개념이 양도소득세에서 어떤 차이를 만드는지 살펴보도록 하겠습니다.

1 세법에서의 주소

주소는 생활의 근거가 되는 곳, 국내에서 생계를 같이하는 가족 및 국내에 소재하는 자산의 유무 등 생활관계의 객관적 사실에 따라 판정합니다.

다음의 2가지에 해당하는 때에는 국내에 주소 등을 가진 것으로 봅니다.

① 계속하여 183일 이상 국내에 거주할 것을 통상 필요로 하는 직업을 가진 때

② 국내에 생계를 같이하는 가족이 있고, 그 직업 및 자산상태에 비추어 계속하여 183일 이상 국내에 거주할 것으로 인정되는 때, 반대로 국외에 거주 또는 근무하는 자가 외국 국적을 가졌거나 외국법령에 의하여 그 외국의 영주권을 얻은 자로서 국내에 생계를 같이하는 가족이 없고 그 직업 및 자산상태에 비추어 다시 입국하여 주로 국내에 거주하리라고 인정되지 아니하는 때에는 국내에 주소가 없는 것으로 봅니다.

2 세법에서의 거소

거소는 주소지 이외의 장소 중에 상당기간에 걸쳐 거주하는 장소로서 주소와 같이 밀접한 일반적 생활관계가 형성되지 아니하는 장소로, 국내에서 183일 이상 거소를 둔 경우에는 거주자로 봅니다. 거주기간 계산은 다음과 같이 합니다.

① 국내에 거소를 둔 기간은 입국하는 날의 다음 날부터 출국하는 날

② 국내에 거소를 두고 있던 개인이 출국 후 다시 입국한 경우에 생계를 같이하는 가족의 거주지나 자산소재지 등에 비추어 그 출국목적이 관광, 질병의 치료 등으로서 명백하게 일시적인 것으로 인정되는 때에는 그 출국 기간도 국내에 거소를 둔 기간으로 봅니다.

③ 국내에 거소를 둔 기간이 1과세기간 동안 183일 이상인 경우
에는 국내에 183일 이상 거소를 둔 것으로 봅니다.

④ 재외동포의 일시적 입국기간은 국내 거주기간에서 제외합니다.

3 ▶ 거주자 또는 비거주자가 되는 시기

1) 거주자가 비거주자로 되는 시기

① 거주자가 주소 또는 거소의 국외 이전을 위하여 출국하는 날
의 다음 날

② 계속하여 183일 이상 국외에 거주할 것을 통상 필요로 하는
직업을 가진 때 등 국내에 주소가 없는 것으로 보는 사유가
발생한 날의 다음 날

위 경우에 해당하면 거주자가 비거주자로 되어버리므로, 본인이
오랜 기간 국외에서 경제적 활동을 하였다면 거주자가 될 수 있는
지 요건 검토를 해보아야 합니다.

2) 비거주자가 거주자로 되는 시기

① 국내에 주소를 둔 날

② 계속하여 183일 이상 국내에 거주할 것을 통상 필요로 하는
직업을 가진 때 등 국내에 주소를 가진 것으로 보는 사유가
발생한 날

③ 국내에 거소를 둔 기간이 183일이 되는 날

4 거주자와 비거주자의 양도소득세 차이점

| 거주자와 비거주자의 양도소득세 차이 정리표 |

구분		거주자	비거주자
납세의무범위		국내·외 소재 양도과세대상 자산	국내 소재 양도과세대상 자산
비과세적용		적용	적용배제(예외 있음)
감면적용		적용	적용배제(예외 있음)
원천납부의무		의무 없음	의무 있음
장기보유 특별공제	1세대1주택 (최대 80%)	적용	적용배제
	기본 공제	적용	적용

비거주자도 국내 소재 양도과세대상 자산인 수용부동산을 양도하게 되면 양도소득세를 납부하여야 합니다. 「소득세법」에서 비거주자는 거주자와 구분하여 양도소득세를 규정하고 있습니다. 거주자와 비거주자의 가장 큰 차이점은 비거주자에게는 비과세와 감면적용이 배제된다는 점입니다.

비거주자 상태에서 취득 및 양도를 한 경우에는 원칙적으로 비과세나 감면을 적용받을 수 없으나, 거주자 상태에서 취득한 후 비거주자 상태에서 양도한 경우에 한하여 1세대1주택 비과세 규정과 농지자경감면을 예외적으로 적용하고 있습니다. 단, 농지자경감면 및 1세대1주택 비과세를 적용받기 위해서는 출국 또는 비거주자가 된 날로부터 2년 이내에 양도하여야 합니다.

그 외 수용과 관련해서 비거주자가 가능한 감면은 공익수용감면 뿐입니다. 다른 비과세 및 감면규정과 1세대1주택 12억 원 초과분에 대한 장기보유특별공제율에 대해 비거주자는 전부 배제됩니다. 비거주자는 1세대1주택 고가주택에 대해 장기보유특별공제를 최대 30%까지만 적용이 가능하기 때문에 거주자보다 더 높은 양도소득세를 납부하여야 합니다.

그 밖에 비거주자의 부동산 등 양도소득에 대해서 양수자가 내국법인 및 외국법인인 경우에는 원천징수를 하게 되어 있습니다. 이때 지급 방법은 상관없으므로 보상금액이 공탁되는 경우에도 지급으로 봅니다. 양도자인 비거주자의 신고방법 여하에 불구하고 양수자는 지급 시 실제금액을 기준으로 양도대가의 10%를 원천징수하여야 하고, 예외적으로 취득가액 및 양도비용이 확인되는 경우에는 양도가액의 10%와 양도차익의 20% 중 적은 금액을 원천징수하여 양수자의 사업장 소재지에 원천징수하게 되어 있습니다.

원천징수의무가 면제되는 경우는 양도자가 양도시기의 도래 전 예정신고 및 납부하여 양도소득세신고납부확인서를 교부받아 제출하는 경우와 부동산 등의 양도소득이 비과세 또는 과세 미달 대상이어서 관할 세무서장의 비과세, 과세미달확인서를 제출하는 경우입니다.

미래 일정시점에 수용으로 보상금액을 수령할 것이 확실하다면 미리 거주자 요건을 충족하여 토지보상에 대한 다양한 세제혜택을 받는 것이 가장 큰 절세플랜입니다.

1. 조심2013서277(2013. 11. 28.)

| 제목 | 청구인이 비거주자에 해당하는지 여부

| 요약 | 청구인의 배우자는 2007~2010년 기간 동안 대부분 국내에 체류하였고, 2010년에는 국내 체류일이 359일에 달하며, 청구인의 자녀들은 2006년 6월부터 2011년 6월까지의 기간 동안 영국으로 유학을 간 상황임에도 2010년도 국내 체류일수가 189일에 달해 국내에 거주지를 두고 국내외를 왕래한 것으로 볼 수 있어, 생계를 같이하는 가족이 국내에 있다고 볼 수 있는 점, 청구인이 1989. 5. 1.부터 국내에 사업장을 개업하여 사업을 하면서 1992~2011년 귀속 종합소득세를 신고한 점 등에 비추어 볼 때, 청구인은 비거주자로 보기 어렵다.

2. 조심2018서4163(2019. 2. 21.)

| 제목 | 청구인이 거주자에 해당하는지 여부

| 요약 | 청구인들은 세대 전원의 출입국 조회내역에 의하여 미국에서 거주하고 있는 사실이 나타나고, 쟁점주택 양도 이후 양도대금에서 교육비 및 생활비 등을 제외하고 남은 자금을 국내 금융기관에 예치한 예금 외에 국내 소재 부동산 등 별도의 자산이나 어떠한 유형의 소득도 발생되고 있지 않은 사실이 나타나며, 미국 현지에서 직업을 갖고 소득이 발생하고 있는 등 쟁점주택 양도 당시 청구인들은 「소득세법」상 비거주자에 해당되는 것으로 보이므로 쟁점주택 양도에 1세대1주택 비과세 적용하지 아니한 처분은 잘못이 없다.

11

양도소득세 10% 중과되는
비사업용토지 공통사항

"비사업용토지"란 나대지나 부재지주 소유의 임야 따위를 실수요에 따라 사용하지 않고 재산을 늘리기 위한 투기적인 수단으로 보유하고 있는 토지로서, 토지의 사용을 생산적인 용도에 집중시키고 토지투기에 따른 불로소득을 환수할 목적으로 양도소득세율을 10% 중과하여 부과합니다.

법령으로 정하는 일정기간 동안 그 본래의 용도에 사용하지 아니한 비사업용토지에 대해서는 수용부동산의 지목에 따라 각기 다른 요건을 적용합니다. 「소득세법」에서는 비사업용토지의 범위를 농지·임야·목장용지·주택의 부수토지·그 밖의 기타 토지 등으로 나누고 있습니다.

예를 들어, 농지를 소유하고 있는 토지소유자 A씨가 실제 농사를 짓고 있지 않는다면 농지를 해당 토지의 목적으로 사용하지 않았기 때문에 양도소득세 계산 시 기본 누진세율에서 10%를 중과하게 됩니다.

그러나 공익사업을 수행함에 있어서 과거 비사업용토지의 중과세 적용으로 인해 많은 부작용이 초래되었고 토지소유자의 의사에 반하여 국가 등에게 강제적으로 매도되는 공익사업의 특성을 고려하여 「소득세법」에서는 사업인정고시일로부터 2년(2021. 5. 4. 이후 사업인정고시되는 사업은 5년) 이전에 취득한 토지에 대해서는 비사업용토지에서 제외하는 규정을 두고 있습니다.

위 규정을 통해 토지소유자 A씨가 사업인정고시일 2년(5년) 이전에 농지를 취득하였다면, 실제 농사를 짓지 않았어도 10%의 중과세율은 피할 수 있습니다.

추가적으로 모든 지목에 대해서는 부득이한 사유기간 동안 사업용 기간으로 보는 경우를 법으로 명시하고 있습니다. 혹시 사업인정고시일 2년(5년) 내에 수용부동산을 취득하였다고 하더라도 다음의 경우에 해당되지 않는지 꼼꼼한 확인이 필요합니다.

① 토지를 취득한 후 법령에 따라 사용이 금지 또는 제한된 토지: 사용이 금지 또는 제한된 기간

② 토지를 취득한 후 「문화재보호법」에 따라 지정된 보호구역 안의 토지: 보호구역으로 지정된 기간

③ "①" 및 "②"에 해당되는 토지로서 상속받은 토지: 상속개시일부터 "①" 및 "②"에 따라 계산한 기간

④ 저당권의 실행 그 밖에 채권을 변제받기 위하여 취득한 토지 및 청산절차에 따라 잔여재산의 분배로 인하여 취득한 토지: 취득일부터 2년

⑤ 당해 토지를 취득한 후 소유권에 관한 소송이 계속 중인 토지: 법원에 소송이 계속되거나 법원에 의하여 사용이 금지된 기간

⑥ 사업장(임시 작업장을 제외한다)의 진입도로로서 「사도법」에 따른 사도 또는 불특정다수인이 이용하는 도로: 사도 또는 도로로 이용되는 기간

⑦ 지상에 건축물이 정착되어 있지 아니한 토지를 취득하여 사업용으로 사용하기 위하여 건설에 착공(착공일이 불분명한 경우에는 착공신고서 제출일을 기준으로 한다)한 토지: 당해 토지의 취득일부터 2년 및 착공일 이후 건설이 진행 중인 기간(천재지변, 민원의 발생 그 밖의 정당한 사유로 인하여 건설을 중단한 경우에는 중단한 기간을 포함한다)

⑧ 「도시개발법」에 따른 도시개발구역 안의 토지로서 환지방식에 따라 시행되는 도시개발사업이 구획단위로 사실상 완료되어 건축이 가능한 토지: 건축이 가능한 날부터 2년

⑨ 건축물이 멸실·철거되거나 무너진 토지: 당해 건축물이 멸실·철거되거나 무너진 날부터 2년

⑩ 거주자가 2년 이상 사업에 사용한 토지로서 사업의 일부 또는 전부를 휴업·폐업 또는 이전함에 따라 사업에 직접 사용하지 아니하게 된 토지: 휴업·폐업 또는 이전일부터 2년

이외에 사업인정고시일 2년(5년) 내에 수용부동산을 취득한 경우는 각 지목별 사업용토지 요건 충족 여부를 후술하는 각 지목별 비사업용토지 판단에서 자세히 다루고 있습니다.

| 각 지목별 사업용토지 기준 요약표 |

토지 지목	본래의 용도로 사용한 것으로 보는 경우
1. 농지	• 도시지역 내 주거 · 상업 · 공업 지역에 소재하지 않는 농지로서 기간기준 동안 재촌 · 자경하는 농지
2. 임야	• 기간기준 동안 임야소재지에 거주하는 자가 소유한 임야 • 공익상 필요 또는 삼림의 보호 육성에 필요한 임야 • 거주 또는 사업과 직접 관련이 있는 임야
3. 목장용지	• 축산업을 영위하는 자가 소유한 도시지역 내 주거 · 상업 · 공업 지역에 소재하지 않는 목장용지로서 가축별 기 면적 범위 내의 토지 • 거주 또는 사업과 직접 관련이 있는 목장용지
4. 주택부수토지	• 주택정착면적의 5배(도시지역 안) 또는 10배(도시지역 밖) 이하의 토지
5. 별장건물 및 부속토지	• 일반적으로 비사업용에 해당하나, 읍 · 면 소재, 일정 규모 이하, 기준시가 2억 원 이하인 경우 비사업용토지에서 제외함.
6. 기타 토지	• 재산세가 비과세 · 감면되는 토지 • 재산세 별도합산 또는 분리과세대상 토지 • 거주 또는 사업과 직접 관련이 있는 토지

* 기간기준 충족요건
  1. 양도일 직전 5년 중 3년 이상을 직접 사업에 사용한 경우
  2. 양도일 직전 3년 중 2년 이상을 직접 사업에 사용한 경우
  3. 보유기간 중 60% 이상을 직접 사업에 사용한 경우

1. 서면5팀-2091(2008. 7. 18.)

|제목| 주택 멸실 후 나대지를 양도하는 경우 비사업용토지 여부
및 철거비용 필요경비 포함 여부 등

|요약| 주택을 멸실하고 나대지로 양도하는 경우 토지의 양도로 보
며, 당해 주택의 건축물이 멸실된 토지는 당해 건축물이 멸
실된 날부터 2년 기간 동안은 비사업용토지에 해당하지 아
니하는 토지로 봄.

2. 국심2007전4704(2008. 9. 2.)

|제목| 「사도법」에 따른 사도 또는 불특정다수인이 이용하는 도로
로 볼 수 있는지 여부

|요약| 농지의 경작을 위해서 필수불가결한 진입도로이고, 부동산
매매계약서의 특약에 도로로 사용하도록 명시하였으며, 특
정인만 이용하도록 사용제한을 한 바도 없는 경우 쟁점토지
는 불특정다수인이 사용하는 진입도로이어서 사업용토지에
해당하는바 비사업용토지로 보아 청구인의 경정청구를 거
부한 것은 부당함.

part 04

공익수용
대표 세제혜택

양도소득세 기본원리까지 이해하였으니, 이제 나의 수용부동산이 충족하고 있는 감면규정을 통해 얼마나 세제혜택을 받을 수 있는지를 판단해보도록 하겠습니다.

공익수용은 수용부동산의 지목과 무관하게 적용 가능한 세제혜택이 있고, 수용부동산의 현황지목에 따라 적용 가능한 세제혜택이 있습니다. 먼저 지목과 무관하게 일정 요건을 충족하면 적용 가능한 다음의 공익수용 대표 세제혜택 4가지에 대해 알아보겠습니다.

1. 공익사업용토지 등에 대한 양도소득세 감면
2. 개발제한구역 매수대상토지 등에 대한 양도소득세의 감면
3. 대토보상에 대한 양도소득세 과세특례
4. 토지수용 등으로 인한 대체취득에 대한 취득세 감면

1번과 2번 세제혜택은 1과세기간 동안 최대 1억 원의 세액감면이 가능하며, 3번 세제혜택은 1억 원의 세액감면과 양도소득세 과세시점을 이연하는 방식 중 하나를 선택할 수 있습니다. 4번 세제혜택은 수용 완료 후 받은 수용보상금으로 토지 등을 재취득하게 되는 경우 지방세인 취득세를 감면해주는 세제혜택입니다.
그러면 지목과 무관하게 적용 가능한 공익수용 대표 세제혜택에 대해서 알아보도록 하겠습니다.

공익사업용토지 등에 대한
양도소득세 감면

1 감면 요건 및 감면율

강제성을 지닌 수용도 양도소득세를 납부하여야 하니 토지소유자 입장에서는 큰 불만일 수밖에 없습니다. 이에 토지소유자의 과세부담 완화를 위한 대표적인 감면제도로서 공익수용감면 제도가 있습니다.

해당 감면을 적용받기 위해서 필요한 조건은 단 하나입니다. 바로 공익사업용으로 양도되는 토지 등이 속한 사업지역에 대한 사업인정고시일(사업인정고시일 전에 양도하는 경우에는 양도일)부터 소급하여 2년 이전에 취득한 토지 등을 2026. 12. 31. 이전에 양도하면 됩니다. 일반적으로 공익수용사업은 사업지구가 지정될 것을 고려하여 수용사업에 임박하면 해당 사업구역 내 토지를 매수하여 개발이익을 취하고자 하는 투기분위기가 조성되기 쉬우므로 취득시기를 제한하여 일정 요건을 충족하는 토지만을 감면대상으로 하는 것입니다.

공익수용감면 요건을 충족하면 토지수용자가 선택하는 보상형태에 따라 다음과 같이 감면율이 달라집니다.

- 현금보상: 10%
- 3년 만기 특약채권보상: 30%
- 일반채권보상: 15%
- 5년 만기 특약채권보상: 40%

2 비거주자도 적용 가능

세법상 대부분의 감면규정은 거주자만 가능합니다. 그러나 공익수용감면 규정은 양도자 본인이 거주자 또는 비거주자인지 여부에 관계없이 세법상 감면 요건만 충족하면 감면적용이 가능합니다.

3 감면판단 기준일

수용대상 토지를 상속으로 취득한 경우라면 피상속인의 상속개시일이 취득일이 아니라 피상속인의 당초 취득일을 기준으로 판단합니다. 그러나 증여로 취득한 경우라면 해당 토지의 등기부상 증여등기접수일을 토지소유자의 취득일로 하여 사업인정고시일로부터 2년 이전에 취득한 토지에 해당하는지 판단합니다.

4 현금보상이 원칙, 채권보상은 선택

「토지보상법」 제63조에는 '손실보상은 다른 법률에 특별한 규정이 있는 경우를 제외하고는 현금으로 지급하여야 한다.'라고 명시되어 있습니다. 즉, 현금보상이 원칙이지만 다음의 2가지 경우에는 해당 사업시행자가 발행하는 채권으로 지급할 수 있습니다.

① 토지소유자나 관계인이 원하는 경우
② 사업인정을 받은 사업의 경우에는 부재부동산 소유자의 토지에 대한 보상금이 1억 원을 초과하는 경우로서 그 초과하는 금액에 대하여 보상하는 경우

또한, 토지투기가 우려되는 지역에서 ① 「택지개발촉진법」에 따른 택지개발사업, ② 「산업입지법」에 따른 산업단지개발사업, ③ 그 밖에 대규모 개발사업 등에 해당하는 공익사업을 시행하는 자 중 대통령령으로 정하는 「공공기관의 운영에 관한 법률」에 따라 지정·고시된 공공기관 및 공공단체는 부재부동산 소유자의 토지에 대한 보상금 중 대통령령으로 정하는 1억 원을 초과하는 부분에 대하여 보상하는 경우에는 채권으로 지급하여야 합니다.

공익수용감면의 감면율에 따라 5년 만기 특약채권으로 보상받는다면, 수용으로 발생하는 양도소득세를 가장 절세할 수 있을 것으로 보입니다. 하지만 감면율 15~40%에 해당하는 채권은 일반적인 시중 회사(會社)채나 사(私)채가 아닌 국채를 의미하므로 만기보유에 따른 채권수익률이 그다지 높지 않을수도 있습니다.

또한, 3년(5년) 만기 특약채권을 특약기간까지 보유하기로 한 토지소유자가 특약을 위반한 경우에는 감면받은 세액 중 3년 만기 특약채권은 양도소득세의 15%를, 5년 만기 특약채권은 25%에 상당

하는 금액과 이자상당액을 가산하여 즉시 징수합니다. 이 경우 가산할 이자상당액은 당초 양도소득세 예정신고기한의 다음 날부터 추징세액 및 이자상당액을 납부하는 날까지의 일수에 2.5/10,000 (2022. 2. 15. 이후분은 2.2/10,000)를 곱하여 계산합니다.

3년(5년) 만기 특약채권과 일반채권의 차이점은 3년(5년) 만기 특약채권의 경우 "토지 등 수용사실확인서"상에 만기특약채권임을 확인하는 사항이 별도로 명시되고, 사업시행자를 「주식·사채 등의 전자등록에 관한 법률」 제19조에 따른 계좌관리기관으로 하여 개설한 계좌를 통하여 만기까지 보유하여야 합니다.

따라서 토지소유자가 일반채권 형태로 보상을 받고 그 채권을 3년 또는 5년 만기까지 보유한다고 해서 만기특약채권으로 인정받아 감면율을 달리 적용받을 수는 없습니다.

5 추가 사항

「토지보상법」에 의해 토지 등이 수용되는 경우 당해 양도자가 토지 등을 양도한 날이 속하는 과세연도의 과세표준신고와 함께 수용된 사실을 확인할 수 있는 서류를 첨부하여 납세지 관할 세무서장에게 제출하여 신청하여야 합니다.

공익수용감면은 다른 감면을 포함하여 1과세기간 동안 최대 1억 원, 5과세기간 동안 최대 2억 원까지 양도소득세 감면이 가능하며, 감면되는 세액의 20%를 농어촌특별세로 신고 및 납부하여야 합니다.

다만, 수용부동산이 자경한 농지인 경우에는 자경기간에 상관없이 농어촌특별세를 과세하지 않습니다.

참고 판례

1. 헌재 2011헌바125(2012. 4. 24.)

| 제목 | 양도소득세 감면 조항은 조세평등주의에 위배되지 아니함.

| 요약 | 사업인정고시일부터 소급하여 2년 이전에 취득한 토지를 공익사업을 위하여 양도한 경우 양도소득세를 감면하는 조항은 시혜적 입법의 대상에서 제외되었다는 이유만으로 재산권의 침해가 생기는 것은 아니고 조세평등주의에 위배되지 아니함.

2. 서울행법 2014구단4354(2014. 11. 26.)

| 제목 | 공익기관의 사업도 「토지보상법」이 적용되는 사업만 공익사업용토지 등에 대한 양도소득세의 감면 적용

| 요약 | 공익을 목적으로 시행하는 학교 건립에 관한 사업이라도 그 학교 건립을 위한 사업에 「토지보상법」이 적용되지 아니하는 이상 공익사업용토지 등에 대한 양도소득세의 감면에 따라 세액을 감면할 여지 없음.

3. 조심2014중4488(2015. 2. 13.)

| 제목 | 토지를 수용에 의해 양도하고 대토보상을 받기로 하였다가 현금보상받은 경우 공익사업용토지 등에 대한 양도소득세 감면이 적용되는지 여부

| 요약 | 대토보상 신청을 철회하고 현금보상을 받은 다음 과세이연금액에 상당하는 세액을 신고·납부하는 경우 공익사업용토지 등에 대한 양도소득세 감면을 적용받을 수 있다 할 것인 점 등에 비추어 쟁점토지의 양도에 대해 감면이 적용되지 아니한다 하여 청구인의 경정청구를 거부한 처분은 잘못임.

개발제한구역 내 토지 등에 대한 양도소득세 감면

1 개발제한구역이란?

1971년에 도입된 개발제한구역은 「국토의 계획 및 이용에 관한 법률」 제38조에서 개발제한구역의 지정과 개발제한구역에서의 행위 제한, 주민에 대한 지원, 토지 매수, 그 밖에 개발제한구역을 효율적으로 관리하는 데에 필요한 사항을 정함으로써 도시의 무질서한 확산을 방지하고 도시 주변의 자연환경을 보전하여 도시민의 건전한 생활환경을 확보하는 것을 목적으로 지정 및 관리되고 있습니다.

1960년대 당시 급속한 공업화, 거대 도시화, 시가지 확산에 대응하고자 '71~'77년간 14개 도시권에 5,397㎢를 지정(국토면적의 5.4%)하였습니다.

* 수도권('71~'76), 부산권('71), 대구권('72), 광주권('73), 대전권('73), 울산권('73), 마산권('73), 춘천권 · 청주권 · 전주권 · 진주권 · 통영권 · 제주권('73), 여수권('77)

그 후 김대중 정부에서는 중소 도시권을 포함하여 최초이자 대규모로 개발제한구역을 해제하기 시작하였고, 이후 노무현 정부에서는 국민임대사업 및 잔여 중소 도시권 등을 해제, 이명박 정부에서는 보금자리·지역현안 등 추진을 위해 해제하였으며, 박근혜 정부에서는 지역개발사업을 중심으로 지역현안 등 추진을 위해 소폭 해제하였습니다.

현재 발표된 3기 신도시의 경우 94%가 개발제한구역 내 토지입니다. 이와 같이 수용은 개발제한구역 내 토지를 대상으로 진행되는 것이 대부분이므로 개발제한구역감면은 토지소유자가 꼭 알아야 하는 감면 요건이라 할 수 있습니다.

2 감면 요건 및 감면율

수용사업은 그 규모에 따라 수년이 걸리기도 합니다. 여러 가지 사유로 오랫동안 지체되어 온 수용사업지구는 그 기간만큼 여전히 개발제한구역으로 묶여있고 그동안 주변토지들의 운용형태에 따른 투자이익 및 물가상승률에 따른 가치상승분을 반영하지 못하는 경우가 많습니다.

따라서 수용가액을 산정하기 위해 기초가 되는 감정평가액도 개발행위의 제한 정도(당해 사업에 따른 개발행위의 제한은 반영하지 않음)에 비례하여 낮아질 수밖에 없는 실정입니다.

1. 「개발제한구역법」에 따라 지정된 개발제한구역 내의 토지가 토지매수청구 또는 협의매수되는 경우

① 개발제한구역 지정일 이전에 토지 등을 취득하여 매수청구일 또는 협의매수일까지 소유: 40% 감면

② 매수청구일 또는 협의매수일부터 20년 이전에 토지 등을 취득하여 매수청구일 또는 협의매수일까지 소유: 25% 감면

2. 개발제한구역 해제된 토지를 「토지보상법」 및 그 밖의 법률에 따라 1년 이내에 사업인정고시가 되고, 협의매수 또는 수용되는 경우

① 개발제한구역 지정일 이전에 토지 등을 취득하여 사업인정고시일까지 소유: 40% 감면

② 사업인정고시일부터 20년 이전에 토지 등을 취득하여 사업인정고시일까지 소유: 25% 감면

3 추가사항

1) 거주기간 계산

개발제한구역감면은 해당 토지 등의 취득일부터 사업인정고시일까지 해당 토지 등의 소재지에 "계속하여" 거주한 경우 감면 요건을 충족하므로 거주기간 계산이 중요합니다.

다만, 상속받은 토지 등은 피상속인이 해당 토지 등을 취득한 날을 해당 토지 등의 취득일로 보며, 거주기간을 계산할 때 피상속인이 해당 토지 등을 취득하여 거주한 기간은 상속인이 거주한 기간으로 봅니다.

또한, 취학, 징집, 질병의 요양, 그 밖의 부득이한 사유로 해당 토지 등의 소재지에 거주하지 못하는 기간은 거주한 것으로 봅니다. 이 경우 부득이한 사유란 기획재정부령으로 정하는 취학(유치원, 초등·중학교는 제외), 징집(「병역법」에 따른 징집), 1년 이상의 치료나 요양을 필요로 하는 질병의 치료 또는 요양의 사유로 해당 토지 등의 소재지에 거주하지 못하는 경우를 의미합니다.

2) 신청 및 감면 한도

개발제한구역감면을 신청하려는 자는 해당 토지 등을 양도한 날이 속하는 과세연도의 과세표준신고와 함께 세액감면신청서에 토지매수 청구 또는 협의매수된 사실을 확인할 수 있는 서류를 첨부하여 납세지 관할 세무서장에게 제출하여야 합니다.

감면 한도는 다른 감면을 포함하여 1과세기간 동안 최대 1억 원까지 감면이 가능하며, 5과세기간 동안의 한도는 없습니다.

감면받는 경우 감면세액의 20%를 농어촌특별세로 신고 및 납부하여야 합니다.

> **TIP** ▶ 이축권 양도소득세
> 이축권이란 "개발제한구역의 건축물로서 공익사업의 시행에 따라 철거되는 경우 허가를 받아 이축하는 행위에 관한 권리"를 말합니다. 기존 세법에는 이축권의 양도는 기타소득으로 과세하였었는데 2020. 1. 1. 이후 양도하는 분부터는 양도소득세로 과세됩니다. 다만, 이축권 가액을 별도로 평가하여 구분 신고하는 경우에는 기타소득으로 과세됩니다.

1. 조심2012중3600(2013. 9. 6.)

| 제목 | 청구종중이 개발제한구역 지정에 따른 매수대상 토지 등에 대한 양도소득세의 감면 50%를 적용받을 수 있는 거주자에 해당하는지 여부

| 요약 | 감면 요건 가운데 명백히 특례규정이라고 볼 수 있는 것은 엄격하게 해석하는 것이 조세공평의 원칙에 부합하는 점 및 종중은 자연인이 아니어서 쟁점토지 소재지에 거주할 수 없는 점 등에 비추어, 청구종중은 개발제한구역 지정에 따른 매수대상 토지 등에 대한 양도소득세의 감면 규정상의 거주요건을 충족하지 못한 것으로 보아 처분청이 청구종중에게 한 이 건 양도소득세 과세처분은 잘못이 없음.

2. 부동산납세-559(2019. 5. 31.)

| 제목 | 개발제한구역 지정에 따른 매수대상 토지 등에 대한 양도소득세 감면의 피상속인 범위

| 요약 | 귀 질의의 경우 개발제한구역 지정에 따른 매수대상 토지 등에 대한 양도소득세의 감면 적용 시 상속받은 토지 등 취득시기는 상속인의 직전 피상속인이 취득한 날을 해당 토지 등의 취득일로 보는 것임.

대토보상에 대한 양도소득세 과세특례

1 대토보상이란?

「토지보상법」에 따르면 손실보상은 다른 법률에 특별한 규정이 있는 경우를 제외하고는 금전으로 지급하는 것이 원칙입니다. 다만, 예외적으로 현물보상으로서 대토보상이 이루어질 수도 있습니다.

대토보상이란 토지소유자가 원하는 경우로서 사업시행자가 해당 공익사업의 합리적인 토지이용계획과 사업계획 등을 고려하여 토지로 보상이 가능한 경우에는 토지소유자가 받을 보상금 중 현금 또는 채권으로 보상받는 금액을 제외한 부분에 대하여 법에서 정해진 기준과 절차에 따라 그 공익사업의 시행으로 조성한 토지로 보상받는 경우를 말합니다.

이때 토지로 보상받을 수 있는 자는 「건축법」 제57조 제1항에 따른 대지의 분할 제한 면적 이상의 토지를 사업시행자에게 양도한 자가 되며, 보상하는 토지가격의 산정 기준금액은 다른 법률에 특별한 규정이 있는 경우를 제외하고는 일반 분양가격으로 합니다.

토지소유자에게 토지로 보상하는 면적은 주택용지는 990㎡, 상업용지는 1,100㎡를 초과할 수 없습니다. 또한, 토지로 보상받기로 결정된 권리는 그 보상계약의 체결일부터 소유권이전등기를 마칠 때까지 전매(매매, 증여, 그 밖에 권리의 변동을 수반하는 모든 행위를 포함하되, 상속 및 「부동산투자회사법」에 따른 개발전문 부동산투자회사에 현물출자를 하는 경우는 제외)할 수 없으며, 이를 위반할 때에는 사업시행자는 토지로 보상하기로 한 보상금을 현금으로 보상할 수 있습니다.

또한, 토지소유자가 토지로 보상받기로 한 경우에도 일정한 경우 현금보상으로 전환할 수 있습니다.

2 과세특례 요건 및 적용

대토보상일 현재 거주자가 「토지보상법」에 따른 공익사업의 시행으로 해당 사업지역에 대한 사업인정고시일(사업인정고시일 전에 양도하는 경우에는 양도일)부터 소급하여 2년 이전에 취득한 토지 등을 2026. 12. 31. 이전에 해당 공익사업의 시행자에게 양도함으로써 발생하는 양도차익으로서 토지 등의 양도대금을 해당 공익사업의 시행으로 조성한 토지로 보상받는 부분에 대해서는 다음 2가지 과세특례 중 선택 적용이 가능합니다.

1) 양도소득세 40% 세액감면 특례

거주자가 해당 토지 등을 사업시행자에게 양도하여 발생하는 양도차익 중 다음 계산식에 따라 계산한 금액에 대한 양도소득세의 40%(2019년 양도분까지는 15%)에 상당하는 세액을 감면합니다.

감면 한도는 다른 감면을 포함하여 1과세기간 동안 최대 1억 원, 5과세기간 동안 최대 2억 원까지 가능하며, 감면받는 경우 감면세액의 20%를 농어촌특별세로 신고 및 납부하여야 합니다.

$$\text{해당 토지 등의 양도차익에서 장기보유특별공제액을 뺀 금액} \times \frac{\text{대토보상상당액}}{\text{총보상액}}$$

2) 양도소득세 과세이연 특례

거주자가 해당 토지 등을 사업시행자에게 양도하여 발생하는 양도차익 중 다음 계산식에 따라 계산한 금액(이하 "과세이연금액")에 대해서는 양도소득세를 과세하지 아니하되, 추후 해당 대토를 양도할 때에 대토의 취득가액에서 과세이연금액을 뺀 금액을 취득가액으로 보아 양도소득세를 과세합니다.

$$\text{해당 토지 등의 양도차익에서 장기보유특별공제액을 뺀 금액} \times \frac{\text{대토보상상당액}}{\text{총보상액}}$$

3 ▶ 사후관리

① 대토보상 과세특례 규정은 다음과 같이 납세자의 귀책사유 유무에 따라 납세자 귀책사유가 있는 경우는 이자상당액을 납부하여야 합니다.

양도소득세를 감면받거나 과세이연을 받은 거주자는 양도소득세 감면세액 전액에 이자상당액을 가산하여 해당 사유가 발생한 날이 속하는 달의 말일부터 2개월 이내에 양도소득세로 신고·납부하여야 합니다.

가. 「토지보상법」에 따른 전매금지를 위반함에 따라 대토보상이 현금보상으로 전환된 경우

나. 해당 대토에 대한 소유권 이전등기를 완료한 후 3년 이내에 해당 대토를 양도하는 경우. 다만, 대토를 취득한 후 3년 이내에 「토지보상법」이나 그 밖의 법률에 따라 협의매수되거나 수용되는 경우에는 그러하지 아니함.

② 납세자 귀책사유가 없는 경우는 이자상당액의 납부가 면제됩니다. 양도소득세를 감면받거나 과세이연을 받은 거주자는 대토보상과 현금보상(아래 "라."의 경우 3년 만기특약이 체결된 때의 채권보상을 말하되, 현물 출자를 통해 받은 주식을 「부동산투자회사법」에 따르지 않은 상태에서 처분할 경우 만기보유특약을 체결하지 않은 때의 채권보상)의 양도소득세 감면세액의 차액(과세이연의 경우 과세이연 상당액)을 사유가 발생한 날이 속하는 달의 말일부터 2개월 이내에 양도소득세로 신

고 · 납부하여야 합니다.

가. 해당 대토에 관한 소유권 이전등기의 등기원인이 대토보
상으로 기재되지 아니한 경우

나. 납세자 귀책사유 외의 사유로 현금보상으로 전환된 경우

다. 해당 대토를 증여하거나 그 상속이 이루어지는 경우

라. 「토지보상법」 제63조 제1항 각 호 외의 부분 단서에 따라
토지로 보상받기로 결정된 권리를 「부동산투자회사법」에
따른 부동산투자회사에 현물출자하는 경우

③ 사후관리 위반이 전매금지 위반 등으로 납세자에게 귀책사유
가 있다면 감면세액 전부 또는 과세이연세액 상당액에 "양도
소득세 예정신고 납부기한의 다음 날부터 양도소득세액의 납
부일까지의 기간×2.5/10,000(2022. 2. 15. 이후분은 2.2/
10,000)"에 해당하는 이자상당액을 가산하여 납부하여야 하
며, 현금보상 전환 시 공익수용감면 중 10%의 현금보상 감면
도 받을 수 없습니다.

4 과세이연토지 양도 시 확인사항

과세이연 받은 후 대토보상 받은 토지는 과세이연금액을 차감한
금액을 취득가액으로 하며, 장기보유특별공제액은 대토한 토지의
취득일부터 양도일까지의 기간으로 합니다.

과세이연 받은 후 대토보상 받은 토지가 양도시점에 1세대1주택의 부수토지 등으로 비과세되는 경우에도 대토시점에서 기 실현된 종전토지의 양도소득은 과세대상입니다. 이는 대토토지 양도시점에서 비과세 대상 토지라고 하여 종전토지의 과세이연금액까지 비과세하는 것은 과세이연의 취지와 부합하지 않기 때문입니다.

참고 판례

1. 대법원 2015두52401(2016. 1. 14.)

| 제목 | 과세이연된 대토의 양도소득세 납세의무 성립시기는 대토를 양도한 때임.

| 요약 | 대토로 납세가 이연된 양도소득세의 채권은 대토로 보상받을 권리를 처분하는 때에 비로소 성립하는 것임.

2. 조심2014중4670(2014. 12. 30.)

| 제목 | 대토보상을 신청하였다가 현금보상으로 전환하면서 공익수용감면을 적용받을 수 있는지 여부

| 요약 | 청구인은 대토보상을 신청한 사실은 있으나 현금보상 전환시까지 대토예정지의 위치와 면적이 확정된 사실이 없어 대토보상에 대한 양도소득세 과세특례를 적용받았다고 보기 어려운 점, 전매금지를 위반함에 따라 대토보상이 현금보상으로 전환된 경우 등을 제외하고는 이자상당가산액을 양도소득세로 납부할 의무가 없다고 규정하고 있는 점 등에 비추어 청구인이 대토보상에 대한 양도소득세 과세특례를 신청하였다가 현금보상으로 전환하면서 공익수용감면을 적용하여 줄 것을 신청하였다고 하여 대토보상에 대한 양도소득세 과세특례를 중복 적용하여 줄 것을 신청한 것이라고 보기는 어려움.

3. 재산세과-1783(2008. 7. 18.)

| 제목 | 수용사업구역 내 대토 가능한 토지가 부족하여 인근 유사
수용사업구역 내 토지로 대토하는 경우 감면 또는 과세이연
가능한지 여부

| 요약 | 대토보상감면규정은 거주자가 「토지보상법」에 따른 공익사
업의 시행으로 해당 사업지역의 토지 등을 해당 공익사업시
행자에게 양도하고 양도대금을 해당 공익사업의 시행으로
조성한 토지로 보상받는 분에 한하여 적용하는 것이므로 수
용사업구역 외의 토지로 대토보상 받은 분은 대토보상감면
규정을 적용할 수 없는 것임.

토지수용 등으로 인한 대체취득에 대한 취득세 감면

　국가·지방자치단체 등에 의하여 시행되는 도로, 항만, 택지조성 등 각종의 개발사업으로 인하여 토지소유자는 자기 의사에 불구하고 부동산을 양도한 후에 삶의 터전을 다른 곳으로 이전하게 되므로, 토지소유자가 종전의 생활터전을 유지할 수 있도록 지방세제상 토지수용 등으로 인한 대체취득에 대한 감면의 혜택을 부여하고 있습니다.

1 감면 요건

　사업인정을 받은 사업시행자에게 부동산이 매수·수용 또는 철거된 자가 계약일 또는 해당 사업인정고시일 이후에 대체취득할 부동산 등에 관한 계약을 체결하거나 건축허가를 받고, 그 보상금을 마지막으로 받은 날부터 1년 이내(농지의 경우 2년 이내)에 일정 지역에서 종전의 부동산 등을 대체할 부동산 등을 취득하였을 때(건축 중인 주택을 분양받는 경우에는 분양계약을 체결한 때)에는 그 취득에 대한 취득세를 면제합니다.

대체취득자의 적격범위는 개인·법인·법인격 없는 단체도 포함되고, 보상금을 받지 아니한 상태에서 상속을 받은 경우 상속인도 이에 해당하는 것입니다.

단, 신규 취득 부동산 등의 가액의 합계액이 종전 부동산 등의 가액의 합계액을 초과하는 경우 그 초과액에 대하여는 취득세를 부과하며, 사치성재산인 과세대상 취득 또는 부재부동산 소유자가 부동산을 대체 취득하는 경우에는 감면에서 제외됩니다.

| 대체취득에 대한 취득세 감면 요건 요약표 |

구분	내용
수용된 자	1. 부동산 등이 매수·수용·철거된 자 2. 공공사업에 필요한 부동산 등을 사업시행자에 매도한 자 및 이주대책의 대상이 되는 자
취득계약 등	계약일 또는 사업인정고시일 이후 계약 체결 또는 건축허가 받은 경우
대체취득기간	〈시작일〉 계약일 또는 사업인정고시일 〈종료일〉 다음의 기한부터 1년(농지는 2년) 이내에 대체할 부동산을 취득한 때 1. 보상금을 마지막으로 받은 날 2. 사업인정 받은 자 사정으로 대체취득이 불가능한 경우에는 취득이 가능한 날 3. 토지로 보상받는 경우는 해당 토지에 대한 취득이 가능한 날 4. 보상금을 채권으로 받은 경우는 채권상환기간 만료일
감면 범위	신규 취득한 부동산가액 합계액이 종전 부동산가액 합계액 범위 내 (사실상 취득가액을 적용하지 않는 경우에는 대체취득한 부동산의 취득세 과세표준에서 매수·수용된 부동산 보상금액을 뺀 금액)

구분	내용
제외	1. 고급주택 등 중과대상 취득하는 경우 2. 부재부동산 소유자가 부동산을 대체취득하는 경우
제출서류	취득세 면제 시 부동산 등 매수·수용확인서 제출

2 대체취득 부동산 감면 가능지역

| 대체취득 부동산 지역에 따른 감면 적용 여부 |

구분	기존 부동산 소재 특별시·광역시·특별자치시·도·특별자치도 내(A)	A지역 외의 특별자치시·시·군·구 내 위치한 기존 부동산과 잇닿은 특별자치시·시·군·구(B)	특별시·광역시·특별자치시·도 내 위치한 기존 부동산과 잇닿은 특별시·광역시·특별자치시·도(C)	A, B, C 이외의 지역
농지 이외	감면	감면	투기지역 이외: 감면	제외
			투기지역: 제외	
농지 (자경 농민의 주택*)	감면	감면	투기지역 이외: 감면	투기지역 이외: 감면
			투기지역: 제외	투기지역: 제외

* 자경농민이 농지경작을 위하여 총 보상금액의 50% 미만의 가액으로 취득하는 주택을 포함

대체취득 부동산의 지역도 중요합니다. 2006. 12. 28. 이전에는 전국 어디서나 대체취득 하더라도 감면대상에 해당되었지만, 현재는 대체취득 부동산의 종류, 소재지 여하에 따라 감면대상 여부를 달리 판단하기 때문입니다.

| 투기지역 지정현황 |

지정일	지정지역
2017. 8. 3.	• 서울특별시 용산구 · 성동구 · 노원구 · 마포구 · 양천구 · 강서구 · 영등포구 · 서초구 · 강남구 · 송파구 · 강동구 • 세종특별자치시(행정중심복합도시 건설예정지역)
2018. 8. 28.	• 서울특별시 종로구 · 중구 · 동대문구 · 동작구

3 부재부동산 소유자란?

「토지보상법」에 의한 사업인정고시일 현재 고시지구 내에 매수·수용 또는 철거되는 부동산을 소유하는 자로서 다음에 규정하는 지역에 계약일 또는 사업인정고시일 현재 1년 전부터 계속하여 주민등록 또는 사업자등록을 하지 아니하거나 1년 전부터 계속하여 주민등록 또는 사업자등록을 한 경우라도 사실상 거주 또는 사업을 하고 있지 아니한 거주자 또는 사업자를 말합니다. 상속으로 부동산을 취득하는 때에는 상속인과 피상속인의 거주기간을 합한 것을 상속인의 거주기간으로 봅니다.

① 매수 또는 수용된 부동산이 농지인 경우: 그 소재지 시·군·구 및 그와 잇닿아 있는 시·군·구 또는 농지의 소재지로부터 30km 이내의 지역
② 매수·수용 또는 철거된 부동산이 농지가 아닌 경우: 그 소재지 구(자치구가 아닌 구를 포함하며, 도농복합형태의 시의 경우에는 동 지역만 해당한다)·시(자치구가 아닌 구를 두지 아

니한 시를 말하며, 도농복합형태의 시의 경우에는 동 지역만 해당한다)·읍·면 및 그와 잇닿아 있는 구·시·읍·면 지역

형식적으로 주민등록 또는 사업자 등록하여야 하는 요건을 구비하되 그와 같은 요건을 구비하였다 하더라도 실질적으로 사실상 거주 또는 사업을 하고 있지 아니한 경우에는 부재부동산 소유자로 판단하게 됩니다.

반면, 실질적으로 거주하거나 사업을 영위하였다 하더라도 계약일 또는 사업인정고시일 현재 1년 전부터 계속하여 주민등록 또는 사업자등록을 하지 아니한 경우에는 부재부동산 소유자로 판단됩니다.

참고 판례

대법원 2012두27596(2013. 4. 11.)

| 제목 | 대체취득 감면 배제대상 부재부동산 소유자 판단 시 "계약일"의 범위에 사업인정고시일 이후 협의계약한 경우도 포함되는지 여부

| 요약 | 「지방세법」에 규정된 '계약일'은 당해 사업인정고시일 전의 계약일만을 뜻하고 당해 사업인정고시일 이후의 계약일은 여기에 포함되지 아니한다고 해석함이 상당하다. 따라서 당해 사업인정고시일 이후에 부동산 등이 협의취득에 의하여 매수된 자가 1년 전부터 계속하여 사업자등록 등을 하지 아니함으로써 부재부동산 소유자에 해당하는지를 판단하는 기준일은 계약일이 아니라 사업인정고시일로 보아야 함.

| 감면사항 요약표 |

감면 명칭	감면사항

공익수용
감면
	• 요건: 사업인정고시일부터 소급하여 2년 이전에 취득한 토지를 2026년 12월 31일 이전에 양도
	
	• 감면율
	  1) 현금보상: 10% 3) 3년 만기 특약채권보상: 30%
	  2) 일반채권보상: 15% 4) 5년 만기 특약채권보상: 40%
	
	• 감면 한도: 다른 감면을 포함하여 1과세기간 동안 최대 1억 원, 5과세기간 동안 최대 2억 원(감면세액의 20%를 농어촌특별세로 신고 · 납부[자경농지는 제외])
	
	• 세액추징: 3년 또는 5년 만기채권 보유 토지소유자가 특약 위반 시 감면받은 양도소득세액 중 15% 또는 25% 감면상당액과 이자상당액을 추징

개발제한구역
감면
	• 요건: 개발제한구역 내의 토지 등을 토지매수의 청구 또는 협의매수를 통하여 2025년 12월 31일 이전에 양도
	
	• 감면율
	  1.「개발제한구역법」에 따라 지정된 개발제한구역 내의 토지가 토지매수청구 또는 협의매수되는 경우
	    1) 개발제한구역 지정일 이전에 토지 등을 취득하여 매수청구일 또는 협의매수일까지 소유: 40% 감면
	    2) 매수청구일 또는 협의매수일부터 20년 이전에 토지 등을 취득하여 매수청구일 또는 협의매수일까지 소유: 25% 감면
	  2. 개발제한구역 해제된 토지를 「토지보상법」 및 그 밖의 법률에 따라 1년 이내에 사업인정고시가 되고, 협의매수 또는 수용되는 경우
	    1) 개발제한구역 지정일 이전에 토지 등을 취득하여 사업인정고시일까지 소유: 40% 감면
	    2) 사업인정고시일부터 20년 이전에 토지 등을 취득하여 사업인정고시일까지 소유: 25% 감면
	
	• 감면 한도: 다른 감면을 포함하여 1과세기간 동안 최대 1억 원, 5과세기간 동안 한도 없음(감면세액의 20%를 농어촌특별세로 신고 · 납부).

| 감면사항 요약표 |

감면 명칭	감면사항

대토보상 과세특례	• 요건: 사업인정고시일부터 소급하여 2년 이전에 취득한 토지를 2026년 12월 31일 이전에 양도함으로써 발생하는 양도차익으로서 공익사업 조성토지로 대토보상 받는 경우
	
	• 과세특례(둘 중 택일)
	  1) 양도소득세 40% 세액감면 특례(2019년 양도분까지는 15%)
	  2) 양도소득세 과세이연 특례
	
	• 감면 한도: 위 "1)" 과세특례의 경우 다른 감면을 포함하여 1과세기간 동안 최대 1억 원, 5과세기간 동안 최대 2억 원(감면세액의 20%를 농어촌특별세로 신고·납부)
	
	• 사후관리 위반이 납세자 귀책사유라면 감면세액 전부 또는 과세이연세액 상당액에 이자상당액을 가산하여 납부하며 현금보상 감면도 적용 불가
	
	• 과세이연 토지 양도 시
	  1) 취득가액: 과세이연금액을 차감한 금액
	  2) 장기보유특별공제 기간 계산: 대토토지 취득일~양도일
	  3) 대토토지 양도 시 종전토지 과세이연금액은 비과세 불가능

대체취득 취득세 감면	• 요건: 공익수용된 자가 계약일 또는 사업인정고시일 이후에 대체취득할 부동산 계약 체결 또는 건축허가를 받고, 마지막 보상금 수령일부터 1년 이내(농지의 경우 2년 이내)에 대체 부동산 취득 시 취득세 면제
	
	• 제외
	  1) 별장, 골프장, 고급주택, 고급오락장, 고급선박 등 중과대상
	  2) 부재부동산 소유자가 부동산을 대체취득하는 경우
	  3) 대체취득 부동산의 종류, 소재지 여하에 따른 특정지역은 제외됨.
	
	• 감면 범위
	  신규취득한 부동산가액 합계액이 종전 부동산가액 합계액 범위 내

내 수용부동산이
농지인 경우

토지소유자의 수용부동산 지목에 따른 세액감면의 요건과 각 지목의 특성에 맞는 다양한 양도소득세 절세방법에 대해서 알아보겠습니다. 먼저 살펴볼 현황지목은 농지입니다. 수용 시 가장 많이 접하는 수용부동산으로 농지는 전·답·과수원으로서 지적 공부상의 지목과 관계없이 실지로 경작에 사용되는 토지를 말하며, 농지경영에 직접 필요한 농막·퇴비사·양수장·지소·농도·수로·과수원·농기계 보관 및 작물저장창고용 토지 등을 포함합니다.

지목과 관계없이 적용가능한 세제혜택 외 농지는 대표적으로 농지자경감면과 농지대토감면 적용이 가능합니다. 두 가지 감면에 대해 자세히 알아보고, 그 외 농지의 경우 살펴볼 사항은 무엇이 있는지 알아보도록 하겠습니다.

* 공익수용 시 농지는 다음의 감면들이 적용 가능합니다.

감면 명칭	감면 가능 수용부동산
농지자경감면	농지
농지대토감면	
자경농민취득세감면	
공익수용감면	수용부동산 현황지목 무관
개발제한구역감면	
대토보상 과세특례	
대토취득세감면	

자경기간 8년 이상이면
농지자경감면 적용

농지자경감면은 농지소재지에 거주하는 거주자가 8년 이상 직접 경작한 토지의 양도로 인하여 발생하는 소득에 대한 양도소득세의 전액을 다른 감면을 포함하여 1과세기간 동안 최대 1억 원까지 감면하는 제도입니다. 농지자경감면은 외지인 또는 부재지주의 농지에 대한 투기를 방지하고 일정기간 이상 자경한 농업인의 조세부담을 감소시켜 직접 농업에 종사하는 농업인이 농업에 전념할 수 있도록 하고 농촌의 인구감소를 방지하며, 농업과 농촌을 활성화하고자 하는 입법취지로 도입되었습니다.

자경감면의 충족 요건은 크게 4가지입니다.

① 자경농민요건
② 자경기간요건
③ 농지요건
④ 자경감면한도요건

위 "①~③" 요건을 충족하는 경우에 한하여 "④" 감면 가능 한도를 계산하여 적용하게 됩니다. 자경감면의 "①~③"의 요건을 실제로 충족하는지에 대해 많은 법적 다툼이 있습니다. 그만큼 관련 판례도 많으므로 꼼꼼하게 요건충족 여부를 살펴야 합니다.

1 자경농민 요건

1) 양도일 현재 「소득세법」상 거주자일 것

8년 이상 자경농지 소재지에 거주한 자로서 자경농지 양도일 현재 국내에 주소 또는 1과세기간 동안 183일 이상 거소를 둔 거주자만이 자경감면을 받을 수 있습니다. 비거주자인 경우는 비거주자가 된 날부터 2년 이내인 자를 포함합니다.

2) 주소지 또는 거주지가 농지소재지에 있을 것

자경농민의 주소지 또는 거주지가 농지가 소재하는 시·군·구, 연접한 시·군·구, 농지로부터 직선거리 30km 이내에 있는 지역에 있어야 합니다.

경작개시 당시에는 당해 지역에 해당되었으나 행정구역 개편 등으로 지금은 해당하지 아니한 경우에는 농지소재지에 소재하는 것으로 보며, '연접'의 의미는 행정구역상 동일한 경계선을 사이에 두고 서로 붙어 있는 시·군·구를 말합니다.

재촌의 입증방법은 양도자의 주민등록초본을 기준으로 하게 되며, 거주 여부는 실질로 판단하므로 사실상 농지소재지에서 거주하였으나 주민등록상 다른 지역에 거주한 것으로 되어있는 경우에는 적극적으로 농지소재지에 실제 거주한 사실을 입증하여야 합니다.

3) 상시 농업에 종사할 것

자경 요건은 상시 농업에 종사한 전업농민의 경우는 자경 여부를 판단하는데 어려움이 없으나 다른 직업을 갖고 있는 경우에는 농작업의 1/2 이상을 자기의 노동력에 의하여 농작물 경작 또는 재배하여야 하므로 농지의 면적, 연령, 농작물의 종류, 직업 등 종합적으로 판단하여야 합니다.

농업 이외에 다른 직업이 있는 경우 과세기간 내에 사업소득금액(농업·임업에서 발생하는 소득, 부동산임대업, 농가부업소득은 제외)과 총급여액의 합계액이 3,700만 원 이상인 경우와 복식부기 의무자 수입금액 기준(도소매업·부동산매매업 등 3억 원/제조업 등 1.5억 원/부동산임대업 등 0.75억 원, 수입금액 기준은 2020년도분부터 적용) 이상의 수입금액이 있는 경우 해당 과세기간은 자경기간에서 제외됩니다.

농지소유자가 영농현장에 참여하지 아니한 경우에는 자기노동력으로 볼 수 없습니다. 즉, 본인이 직접 경작한 경우에 한하여 자경으로 인정되므로 위탁경영, 대리경작, 임대차 또는 동일세대원이 자경한 경우에는 자경으로 인정받을 수 없습니다.

2 ▶ 자경기간 요건

1) 취득일부터 양도일까지 통산하여 8년 이상 자경할 것

본인이 자경한 기간은 취득일로부터 양도일까지 기간 중 자경기간을 통산하여 계산합니다. 따라서 양도일 현재 자경 여부에 불구하고 농지의 취득일부터 양도일까지의 사이에 통산하여 8년 이상이면 족하고 계속하여 8년 이상일 것은 아닙니다. 그러므로 앞에서 언급한 "다른 직업이 있는 경우"에는 그 과세기간은 제외됩니다. 또한 8년 이상 자경기간을 계산함에 있어서는 주거·상업·공업지역으로 편입된 이후 자경기간도 통산하여 계산합니다.

2) 상속받은 농지

① 상속인이 상속받은 농지를 1년 이상 계속하여 자경하는 경우, 다음의 기간은 상속인이 자경에 사용한 기간으로 봅니다.

- 피상속인이 취득하여 경작한 기간(직전 피상속인이 자경에 사용한 기간으로 한정한다)
- 피상속인이 배우자로부터 상속받아 경작한 사실이 있는 경우에는 피상속인의 배우자가 취득하여 경작한 기간

② 상속인이 상속받은 농지를 1년 이상 자경하지 아니하더라도 다음의 경우는 위 "①"의 경작기간을 상속인이 경작한 기간으로 봅니다.

- 상속받은 날부터 3년이 되는 날까지 양도하는 경우

- 「토지보상법」에 따라 협의매수 또는 수용되는 경우로서 상속받은 날부터 3년 이내에 관련법에 따라 지정·고시된 택지개발지구, 산업단지, 공공주택지구, 정비구역, 신항만건설 예정지역, 도시개발구역, 철도건설사업실시계획 승인을 받은 지역으로 지정되는 경우

3) 증여·교환·수용 농지

증여나 교환으로 취득한 농지의 취득시기는 증여 및 교환으로 인한 소유권 이전 등기접수일 이후부터 경작한 날을 기간으로 계산합니다. 따라서 농지소재지에서 농지의 취득 후 자경기간 중 8년을 채우지 못하고 5년 동안 자경 후 수용당하는 경우 실제 경작한 기간만을 계산하고 8년 동안 자경한 것으로 보지 않습니다.

다만, 국가 또는 지방자치단체로부터 토지 교환·분합 및 대토한 경우로서 새로이 취득하는 농지가 「토지보상법」에 의한 협의매수·수용이 되는 경우에 있어서는 교환·분합 및 대토 전의 농지에서 경작한 기간을 당해 농지에서 경작한 기간으로 봅니다.

3 농지 요건

1) 양도일 현재 농지일 것

농지는 전·답으로서 지적공부상의 지목에 관계없이 실지로 경작에 사용되는 토지로 하며, 농지경영에 직접 필요한 농막·퇴비사·

양수장·지소·농도·수로·과수원·농기계보관 및 작물저장창고용 토지 등을 포함합니다.

휴경상태의 농지인 경우 계절적 사유 등 일시적 휴경상태라는 것이 입증된다면 감면대상 농지로 판단합니다.

양도일 현재를 기준으로 농지를 판정하므로 처음부터 농지가 아니거나 취득 시에는 농지로 사용하였으나, 양도일 현재 농지가 아니면 감면을 받지 못하게 됩니다.

다만, 양도일 이전에 매매계약조건에 따라 매수자가 형질변경, 건축착공 등을 한 경우에는 매매계약일 현재의 농지를 기준으로 판정하고, 환지처분 전에 해당 농지가 농지 외의 토지로 환지예정지 지정이 되고 그 환지예정지 지정일부터 3년이 경과하기 전의 토지로서 환지예정지 지정 후 토지조성공사의 시행으로 자경을 하지 못하게 된 경우에는 토지조성공사 착수일 현재의 농지를 기준으로 판정하게 됩니다.

2) 도시지역 내 주거·상업·공업지역이 아닐 것

도시지역의 주거·상업·공업지역에 소재하는 농지의 경우 농지로 사용되는 것이 부적합하므로, 농지로 이용되더라도 감면을 배제합니다. 이는 양도일 현재 특별시·광역시 또는 시에 있는 농지 중 주거·상업·공업지역 안에 있는 농지로서 이들 지역에 편입된 날(관보게시일)부터 3년이 지난 농지를 말합니다. 또한, 「도시개발법」 또는 그 밖의 법률에 따라 환지처분 이전에 농지 외의 토지로 환지예정지를 지정하는 경우에는 그 환지예정지 지정일부터 3년이 지난 농지(환지처분에 따라 교부받는 환지 청산금에 해당하는 부분은 제외)도 감면에서 제외됩니다.

다만, 광역시에 있는 군 지역, 「지방자치법」에 따라 설치된 도농 복합형태의 시의 읍·면 지역 및 제주특별자치도의 읍·면 지역은 감면이 가능하며, 주거·상업·공업지역으로 편입된 농지 중 대규모 개발사업 내 농지보상이 지연되는 경우 및 국가 또는 지방자치단체 등의 부득이한 사유로 지연되는 경우는 편입일로부터 3년이 경과되어도 감면이 가능합니다.

4 자경감면한도 요건

자경농지에 대한 감면 한도액은 다른 감면을 포함하여 1과세기간 동안 최대 1억 원, 5과세기간 동안 최대 2억 원 한도로 받을 수 있습니다. 따라서 기존의 감면세액을 받은 것이 있다면 이를 꼭 확인하여 감면 한도를 계산하여야 합니다. 자경감면을 적용받는 경우 감면액 상당액에 대해서 별도의 농어촌특별세가 부과되지 않습니다.

> **TIP** 농지자경감면 신청 시 필요서류
> 농지자경감면에 대해서는 앞에서 언급한 사항 이외에 많은 사항의 검토 및 관련서류가 필요합니다. 본인이 농사지은 것을 어떻게 과세관청이 알 수 있을까 의구심이 들지만, 농지자경감면세액은 1억 원이라는 큰 세액 감면이므로 조사관도 농지자경감면 요건을 꼼꼼히 살펴볼 것입니다. 수용을 앞둔 토지소유자는 다음의 표를 보며 하나씩 농지자경감면 준비를 해보는 것을 추천합니다.

| 농지자경감면 검토사항에 따른 입증서류 리스트 |

구분	검토내용	입증서류	서류발급기관
면제 제외 농지 여부	주거 · 상업 · 공업 지역 내 농지 여부	토지이용계획 확인서	시청, 구청, 민원24사이트
8년 이상 거주 여부	거주기간 (전입일~전출일)	주민등록초본 (전 주소지 포함)	주민센터, 민원24사이트
8년 이상 소유 여부	보유기간 (취득일~양도일)	토지대장, 등기부등본	주민센터, 민원24사이트, 법원 등기소, 등기소사이트
8년 이상 자경 여부	실지 자경 여부	농지대장, 농업경영체 확인서 등	농지소재지 읍 · 면사무소 및 시 · 군 · 구청
양도일 현재 농지 여부	양도 당시 농지 여부	토지특성조사표, 항공사진	– 농지소재지 시 · 군 · 구청 – 도청항공측량과 (인터넷 지도 참고)
기타사항	실제 자경 여부 검토	농약 및 종자구입 영수증, 농사일지, 자경확인서, 재산세 과세내역	– 농협, 소매점 – 농지위원장 – 농지소재지 시 · 군 · 구청

1. 기준법령재산-250(2020. 12. 16.)

| 제목 | 자경농지에 대한 양도소득세 감면 시 자경기간 계산방법의 합리화를 위해 복식부기 의무대상이 되는 수입금액 기준 이상의 수입금액이 있는 경우 해당 과세기간은 자경기간에서 제외함.

| 요약 | 「조세특례제한법 시행령」(2020. 2. 11. 대통령령 제30390호로 개정된 것) 제66조 제14항 제2호는 2020. 2. 11.이 속한 과세기간에 발생한 사업소득부터 적용하는 것임.

2. 대전지법 2012구합753(2012. 11. 14.)

| 제목 | 종전농지를 자경한 것으로 인정되므로 감면배제한 처분은 위법함.

| 요약 | 종전농지 취득 후 비닐하우스를 지어 화초를 재배하기 시작하였고 토지의 수용 사실을 알게 된 후 경작을 다소 소홀히 하였다고 하더라도 이는 일시적 휴경상태라고 봄이 타당하며 대학의 시간강사로 강의를 하고 화원을 운영하면서 종전농지에서 농작업의 1/2 이상을 자기 노동력에 의하여 재배하였다고 인정됨.

3. 제주지법 2012구합380(2012. 8. 29.)

| 제목 | 토지를 8년 이상 자경한 것으로 인정하기 어려움.

| 요약 | 음식점이나 소매업, 부동산임대업 등 농업 이외의 활동을 하면서 제3자에게 일당을 주고 농작물을 재배하도록 지시하였던 것으로 보이는 점, 양도 당시 토지 임차인이 사업장으로 사용하고 있었던 점 등에 비추어 토지를 8년 이상 직접 경작하였다거나 일시적 휴경 상태임을 인정할 수 없음.

자경기간 4~7년이면
농지대토감면 고려

　농지대토감면은 자경농민이 경작상의 필요에 의하여 4년 이상 경작하던 농지를 양도하고 그에 상응하는 신규농지를 1년 이내(수용되어 대체취득하는 분에 대해서는 2년 이내)에 취득(취득원인이 상속·증여인 경우는 제외)하여 다시 자경함으로써 종전농지와 신규농지의 경작기간을 합하여 8년 이상 충족 시 종전농지의 양도소득에 대한 전액을 다른 감면을 포함하여 1과세기간 동안 최대 1억 원까지 감면하는 제도입니다. 대부분의 사항은 농지자경감면과 유사하지만 세부적으로 차이점이 있으므로 이에 대해 하나씩 알아보겠습니다.

　농지대토감면의 충족 요건은 크게 4가지입니다.

① 자경농민 요건
② 자경기간 요건
③ 농지 요건
④ 자경감면한도 요건

1 자경농민 요건

1) 양도일 현재 「소득세법」상 거주자일 것

4년 이상 대토농지 소재지에 거주한 자로서 대토 전의 농지 양도일 현재 국내에 주소 또는 1과세기간 동안 183일 이상 거소를 둔 거주자만이 농지대토감면을 받을 수 있습니다. 비거주자인 경우는 비거주자가 된 날부터 2년 이내인 자를 포함합니다.

2) 농지소재지에서 거주하고 있을 것

농지자경감면과 달리 종전의 농지소재지에서 거주한 후 신규농지의 취득 후에는 종전농지소재지에서 거주하는 것이 아니라 신규농지가 소재하는 시·군·구, 연접한 시·군·구, 농지로부터 직선거리 30km 이내에 있는 지역에서 거주하여야 합니다.

3) 상시 농업에 종사할 것

자경 요건은 상시 농업에 종사한 전업농민의 경우는 자경 여부를 판단하는데 어려움이 없으나 다른 직업을 갖고 있는 경우에는 농작업의 1/2 이상을 자기의 노동력에 의하여 농작물 경작 또는 재배하여야 하므로 농지의 면적, 연령, 농작물의 종류, 직업 등 종합적으로 판단하여야 합니다.

농업 이외에 다른 직업이 있는 경우 과세기간 내에 사업소득금액(농업·임업에서 발생하는 소득, 부동산임대업, 농가부업소득은 제외)과 총급여액의 합계액이 3,700만 원 이상인 경우와 복식부기 의무자 수입금액 기준(도소매업·부동산매매업 등 3억 원/제조업 등 1.5억 원/부동산임대업 등 0.75억 원, 수입금액 기준은 2020년도분부터 적용) 이상의 수입금액이 있는 경우 해당 과세기간은 자경기간에서 제외됩니다.

농지소유자가 영농현장에 참여하지 아니한 경우에는 자기노동력으로 볼 수 없습니다. 즉, 본인이 직접 경작한 경우에 한하여 자경으로 인정되므로 위탁경영, 대리경작, 임대차 또는 동일세대원이 자경한 경우에는 자경으로 인정받을 수 없습니다.

2 자경기간 요건

1) 핵심이 되는 자경기간 요건

종전농지를 4년 이상 자경하여야 하고, 신규농지를 취득(취득원인이 상속·증여인 경우는 제외) 후 계속하여 종전농지 경작기간과 신규농지 경작기간을 합산하여 8년 이상 자경을 하여야 감면을 적용받을 수 있습니다.

2) 원칙적인 경작기간 계산

① 종전농지 선양도 후 신규농지 후취득의 경우: 종전농지를 종전의 농지소재지에 거주하면서 4년 이상 경작하고 종전농지의 양도일부터 1년(수용의 경우 2년) 내에 다른 신규농지를 취득

(상속 및 증여받는 경우는 제외)하여 그 취득한 날로부터 1년 (1년 이상의 치료·요양, 농지개량·자연재해로 휴경하는 경우는 2년) 내에 신규농지소재지에 거주하면서 계속하여 경작한 기간의 합이 8년 이상인 경우에 농지대토감면 적용이 가능합니다.

② 신규농지 선취득 후 종전농지 후양도의 경우: 4년 이상 종전농지소재지에 거주하면서 경작한 자가 신규농지 취득일부터 1년 내에 종전농지를 양도하고, 종전농지 양도일로부터 1년 (1년 이상의 치료·요양, 농지개량·자연재해로 휴경하는 경우는 2년) 이내에 신규농지소재지에 거주하면서 계속하여 경작한 기간의 합이 8년 이상인 경우에 농지대토감면 적용이 가능합니다.

3) 수용된 경우 경작기간 계산

신규농지를 취득한 후 4년 이내에 수용이 되는 경우에는 4년 동안 농지소재지에 거주하면서 경작한 것으로 봅니다. 하지만 종전농지가 수용되는 경우로서 경작기간이 4년 이상 되지 아니한 경우에는 농지대토감면규정이 적용되지 않는 것으로 보고 있습니다.

4) 상속된 경우 경작기간 계산

신규농지를 취득한 후 종전농지 경작기간과 신규농지 경작기간을 합산하여 8년이 지나기 전에 농지 소유자가 사망한 경우로서 상속인이 농지소재지에 거주하면서 계속 경작한 때에는 피상속인의 경작기간과 상속인의 경작기간을 통산합니다.

종전농지도 상속취득 시 피상속인의 농지를 대토하는 자와 생계를 같이하는 동일세대를 구성하면서 경작한 경우 대토 종전농지 피속상인의 경작기간은 상속인의 경작기간에 통산합니다.

3 ▶ 농지 요건

1) 양도일 현재 농지일 것

양도일 현재를 기준으로 농지를 판정하므로 처음부터 농지가 아니거나 취득 시에는 농지로 사용하였으나, 양도일 현재 농지가 아니면 감면을 받지 못하게 됩니다. 다만, 양도일 이전에 매매계약조건에 따라 매수자가 형질변경, 건축착공 등을 한 경우에는 매매계약일 현재의 농지를 기준으로 판정하고, 환지처분 전에 해당 농지가 농지 외의 토지로 환지예정지 지정이 되고 그 환지예정지 지정일부터 3년이 경과하기 전의 토지로서 환지예정지 지정 후 토지조성공사의 시행으로 자경을 하지 못하게 된 경우에는 토지조성공사 착수일 현재의 농지를 기준으로 판정하게 됩니다.

2) 도시지역 내 주거·상업·공업지역이 아닐 것

도시지역의 주거·상업·공업지역에 소재하는 농지의 경우 농지로 사용되는 것이 부적합하므로, 농지로 이용되더라도 감면을 배제합니다. 이는 양도일 현재 특별시·광역시 또는 시에 있는 농지 중 주거·상업·공업지역 안에 있는 농지로서 이들 지역에 편입된 날 (관보게시일)부터 3년이 지난 농지를 말합니다. 또한, 「도시개발법」 또는 그 밖의 법률에 따라 환지처분 이전에 농지 외의 토지로 환지 예정지를 지정하는 경우에는 그 환지예정지 지정일부터 3년이 지난 농지(환지처분에 따라 교부받는 환지 청산금에 해당하는 부분은 제외)도 감면에서 제외됩니다.

다만, 광역시에 있는 군 지역, 「지방자치법」에 따라 설치된 도농 복합형태의 시의 읍·면 지역 및 제주특별자치도의 읍·면 지역은 감면이 가능하며, 주거·상업·공업지역으로 편입된 농지 중 대규모 개발사업 내 농지보상이 지연되는 경우 및 국가 또는 지방자치단체 등의 부득이한 사유로 지연되는 경우는 편입일로부터 3년이 경과되어도 감면이 가능합니다.

3) 신규취득의 면적 및 가액기준

농지의 대토로 인하여 새로 취득하는 농지는, 다음의 면적 또는 가액 기준을 갖추어 취득한 경우에 감면을 받을 수 있습니다.

① 새로 취득하는 농지의 면적이 양도하는 종전농지 면적의 3분의 2 이상일 것

② 새로 취득하는 농지의 가액이 양도하는 종전농지 가액의 2분의 1 이상일 것

4 자경감면한도 요건

농지대토감면 한도액은 다른 감면을 포함하여 1과세기간 동안 최대 1억 원, 다른 감면규정과 함께 적용 시에는 5과세기간 동안 최대 2억 원까지 적용가능하며, 농지대토감면만 적용 시에는 5과세기간 동안 최대 1억 원을 한도로 적용받을 수 있습니다. 농지대토감면에 대해서는 농어촌특별세가 부과되지 않습니다.

5 사후관리

양도소득세의 감면을 적용받은 거주자가 다음의 사유가 발생하여 감면 요건을 충족하지 못하는 경우에는 그 사유가 발생한 날이 속하는 달의 말일부터 2개월 이내에 감면받은 양도소득세 및 이자상당액(종전의 농지에 대한 양도소득세 예정신고 납부기한의 다음 날부터 양도소득세 납부일까지의 기간(일수)×2.5/10,000[2022. 2. 15. 이후분은 2.2/10,000])을 가산하여 납부하여야 합니다.

① 종전농지의 양도일부터 1년(「토지보상법」에 따른 협의매수 · 수용 및 그 밖의 법률에 따라 수용되는 경우에는 2년) 내에 새로운 농지를 취득하지 아니하거나 새로 취득하는 농지의 면적 또는 가액 요건이 충족되지 않는 경우
② 신규농지의 취득일 또는 종전농지의 양도일부터 1년(질병의 요양 등은 2년) 이내에 신규농지소재지에 거주하면서 경작을 개시하지 아니하는 경우

③ 신규농지의 경작을 개시한 후 신규농지소재지에 거주하면서 계속하여 경작한 기간과 종전의 농지 경작기간을 합산한 기간이 8년 미만인 경우

④ 신규농지의 경작을 개시한 후 종전의 농지 경작기간과 새로운 농지 경작기간을 합산하여 8년이 지나기 전에 사업소득금액과 총급여액의 합계액이 3,700만 원 이상인 기간이 있는 경우와 복식부기 의무자 수입금액 기준(도소매업·부동산매매업 등 3억 원/제조업 등 1.5억 원/부동산임대업 등 0.75억 원, 수입금액 기준은 2020년도 분부터 적용) 이상의 수입금액이 있는 경우

| 자경농지감면과 농지대토감면의 비교 |

구분	자경농지감면	농지대토감면
감면 요건	취득일부터 양도일까지 8년 이상 농지소재지에서 거주하면서 자경(자경기간 통산)	1. 양도농지를 4년 이상 자경(통산) 2. 양도 후 1년 이내(수용의 경우 2년)에 신규농지 취득 3. 신규취득 농지를 8년(종전농지+신규농지) 이상 자경(면적 2/3, 가액 1/2 이상 취득)
양도 당시 농지소재지 거주·자경 여부	양도일 현재에는 거주·자경하지 않아도 가능	양도일 현재 반드시 거주·자경하여야 함. 단, 양도일 이후에는 신규취득 농지에서 거주·자경하여야 함.
양도일 현재 농지	양도일 현재 반드시 농지이어야 함.	• 종전농지: 양도일 현재 반드시 농지 • 신규농지: 취득일 현재 농지(단, 양도일부터 1년 이내 개간하는 경우 농지 인정)

구분	자경농지감면	농지대토감면
상속농지	피상속인 자경기간 통산(단, 상속인이 자경하지 않는 경우 3년 이내 양도한 경우 통산 가능)	피상속인 자경기간 통산
수용 시	수용되더라도 양도일 현재 8년 이상 자경하여야 함.	• 종전농지: 4년 자경 필수 • 신규농지: 수용 시 자경 인정
감면 한도	• 1과세기간 동안 1억 원 • 5과세기간 동안 2억 원	• 1과세기간 동안 1억 원 • 5과세기간 동안 1억 원(타 감면 포함은 2억 원)

1. 헌재 2014헌바262(2015. 5. 28.)

| 제목 | 구 「조세특례제한법」 제70조(농지대토에 대한 양도소득세 감면) 제1항 위헌소원

| 요약 | 대토감면제도는 농지를 직접 경작하던 농민이 경작상 필요에 의하여 구 농지를 양도하고 신 농지를 취득할 경우 조세부담을 덜어주어 농업에 계속 종사하도록 함으로써 정책적으로 농업발전을 도모하기 위한 것이므로, 「헌법」 제121조 및 제123조에 비추어 그 입법목적이 정당하다. 따라서 심판대상조항은 농지대토로 인한 양도소득세의 감면 요건으로 '직접 경작'을 규정하고 있을 뿐, 병역의무 이행 그 자체를 이유로 양도소득세 감면대상에서 제외하는 것은 아니므로, 청구인들이 심판대상조항에 의하여 병역의무 이행을 이유로 불이익을 받은 것이라 할 수 없다.

2. 대법원 2017두58496(2017. 12. 7.)

| 제목 | 취지에서 8년 농지자경감면 및 농지대토감면의 자경 여부에 대한 입증책임은 원고에게 있음.

| 요약 | 비과세 또는 감면 요건에 대한 법규는 엄격히 해석해야 하고, 이러한 취지에서 8년 농지자경감면 및 농지대토감면의 자경 여부에 대한 입증책임은 원고에게 있는데 원고는 자경 여부에 대하여 전혀 입증하지 못함.

3. 서울고법 2017누58405(2017. 12. 12.)

| 제목 | 「토지보상법」 협의매수·수용에 해당한다고 볼 수 없다.

| 요약 | 「조세특례제한법」에서 정한 농지대토에 관한 양도소득세 감면 요건에 관한 「토지보상법」상 협의매수에 해당하려면 「토지보상법」에서 정한 요건을 구비한 경우라야 할 것이다.

지장물 보상대상인 과수목도
양도소득세 대상인가요?

　과수원농장의 토지수용보상금 내역을 살펴보면 각 과수의 수량
당 보상금액과 비닐하우스의 보상금 및 각종 지장물에 대한 보상금
액이 기재됩니다.

　해당 보상금액들은 양도소득세로 과세가 되어야 할까요?

1 　지장물 보상이란?

　공익수용에서 사업시행자는 사업지구 내의 토지만을 필요로 하
고, 토지상의 정착물은 필요로 하지 않습니다. 그러므로 사업시행자
는 토지만 취득하고 정착물은 지장물이라 표현하여 지장물 제거에
따른 손실보상금을 지급합니다.

　공익사업에 의해 지급되는 지장물 손실보상금은 원칙적으로 매수
의 대가로 지급하는 것이 아니라 지장물의 철거 및 이전에 따른 손
실액 보전이므로 지급받은 보상금을 「소득세법」상 과세소득으로 열

거하고 있지 않습니다. 그러므로 손실액에 해당하는 금원은 과세대상에서 제외됩니다. 다만, 지장물 중 건물에 대한 보상금은 손실보상금이라 하더라도 사실상 건물의 양도대가에 해당하므로 과세대상이 됩니다.

TIP 지장물이란?

「토지보상법 시행규칙」 제2조

"지장물"이라 함은 공익사업 시행지구 내의 토지에 정착한 건축물·공작물·시설·입목·죽목 및 농작물 그 밖의 물건 중에서 당해 공익사업의 수행을 위하여 직접 필요하지 아니한 물건을 말한다.

「토지보상법」 제75조(건축물 등 물건에 대한 보상)

① 건축물·입목·공작물과 그 밖의 토지에 정착한 물건(이하 "건축물등"이라 한다)에 대하여는 이전에 필요한 비용(이하 "이전비"라 한다)으로 보상하여야 한다. 다만, 다음 각 호의 어느 하나에 해당하는 경우에는 해당 물건의 가격으로 보상하여야 한다.

1. 건축물등을 이전하기 어렵거나 그 이전으로 인하여 건축물등을 종래의 목적대로 사용할 수 없게 된 경우
2. 건축물등의 이전비가 그 물건의 가격을 넘는 경우
3. 사업시행자가 공익사업에 직접 사용할 목적으로 취득하는 경우

대법원 2010두15452(2010. 12. 9.)

| 제목 | 지장물인 건축물 상당의 손실보상금은 양도소득세 과세대상임.

| 요약 | 수용 또는 협의 등에 의하여 사업시행자가 지장물인 건축물 소유자에게 그 지장물 가격 상당의 손실보상금을 지급하면 공익사업 수행에 필요한 지장물을 철거할 수 있게 되고, 지장물 소유자는 지장물 철거를 수인하는 대가로 손실보상금을 지급받게 되는 셈이므로, 자산이 유상으로 사업시행자에게 사실상 이전되었다고 볼 수 있다.

2 과수는 과세될까요?

과수 또는 농작물에 대해서 「토지보상법」에 따라 토지의 양도가액과 별도로 구분하여 사업시행자로부터 지급받는 과수와 농작물등 손실에 대한 보상금 중 그 손실의 범위를 초과하지 아니하는 금액은 과세소득에 해당하지 않습니다.

과수목이 손실보상에 대한 대가가 아니고 매매의 대가로 보는 경우에도 「통계법」 제22조의 규정에 의하여 통계청장이 작성·고시하는 한국표준산업분류상의 농업 중 작물재배업에서 발생한 소득은 법에서 규정하는 과세소득에 해당되지 아니합니다.

이는 판매목적으로 재배된 농원의 조경수 등도 포함합니다. 「통계법」 제22조의 규정에 의하여 통계청장이 작성·고시하는 한국표준산업분류상의 농업 중 작물재배업이란 "노지 또는 특정 시설 내에서 식량작물, 과실, 채소 및 화훼작물 등의 각종 농작물을 재배하여 생산하는 산업활동"을 말하고, 그중 하나인 "화훼작물재배업"이란 "노지에서 화초, 잔디, 관상수 등과 같은 장식, 관상, 조원 및 조경용 수목, 꽃, 풀 등을 재배하는 산업활동"을 말한다고 규정하고 있기 때문입니다.

3 기타 지장물은 과세될까요?

1) 수목 등

토지의 양도가액과 별도로 구분하여 사업시행자로부터 지급받는 과수와 농작물 등 손실에 대한 보상금으로서 그 손실의 범위를 초과하지 아니하는 금액은 과세소득에 해당하지 아니하는 것이나, 동 보상금이 당해 토지를 원만하게 명도받기 위하여 「법적 의무 없이 지급하는 합의금」에 해당하는 경우에는 기타소득에 해당합니다.

2) 토지 위에 설치된 담장

토지의 수용으로 인하여 토지소유자가 사업시행자로부터 수령하는 토지 및 토지 위에 설치되어 있는 담장의 대가는 토지의 양도대가에 해당합니다.

3) 토지 위에 설치된 비닐하우스를 토지와 함께 양도한 경우

토지 위에 설치된 비닐하우스 시설을 토지와 함께 하나의 거래단위로 양도하는 경우 토지의 양도에 해당하는 것이며, 비닐하우스 개량 등에 사용된 비용은 토지의 자본적지출액에 해당합니다.

4) 바닥포장비

토지의 자본적지출액에 해당하는 바닥포장비 등은 양도가액에 포함합니다.

5) 건물 이외 시설물

건물 이외의 시설물에 대해서는 건물에 포함되는 시설물인지 여부에 따라 건물의 시설물에 해당하는 경우에는 건물로 보아 과세됩니다. 따라서 가추, 차양 등 건축물 부속시설을 포함합니다.

지장물 보상에 대해서는 과세대상 기준의 모호함이 존재합니다. 따라서 지장물 자체로 주된 물건이 되어 양도소득세 과세대상인지 여부와 지장물이 양도소득세 과세대상에 종속되는 물건인지 여부를 기준으로 과세 여부를 확정하여야 합니다.

1. 인천지법 2016구합51485(2016. 10. 21.)

| 제목 | 지장물에 관하여 수령한 손실보상금은 양도소득의 대상이 될 뿐, 종합소득세 부과의 대상인 사업소득에 해당하지 않음.

| 요약 | 이 사건 놀이기구에 관하여는 원고가 수용재결을 통하여 그 가격 상당의 손실보상금을 지급받았다고 할 것이므로, 이는 양도소득세 과세대상이 되는 자산 등에 대한 대가보상금인 양도소득으로서 원고의 2009년 총수입금액에 산입하지 않음이 상당함.

2. 부동산거래관리-123(2013. 3. 21.)

| 제목 | 토지와 함께 양도하는 동굴진지 등이 양도소득 과세대상인 지 여부

| 요약 | 토지와 토지 외 동굴진지, 관련시설물, 지장물, 수목 등을 함께 양도하는 경우 토지 외 부분이 양도소득 과세대상인지는 관련 매매계약서 등 구체적인 사실관계에 따라서 판단할 사항임.

3. 조심2016중630(2016. 11. 10.)

| 제목 | 쟁점토지와 그 지상에 식립된 배나무 및 지장물 전체를 매도하는 경우 양도가액에서 제외하는 지장물은 사실판단할 사항

| 요약 | 위성사진 등에 의하면 쟁점토지 양도 당시 그 지상에는 배나무 약 300주 및 영농과 관련된 창고 등의 지장물이 실제 있었던 것으로 확인되므로, 전체 양도가액에서 이러한 배나무 등의 지장물 가액은 쟁점토지 양도가액에서 제외해야 할 것인바, 제출된 자료만으로는 배나무 등 지장물의 현황 및 양도 당시의 가액을 산정하기 어려우므로 처분청이 재조사하여 지장물의 가액을 양도가액에서 제외하여 경정하는 것이 타당함.

4

농지의 비사업용토지 판단

공익수용의 경우 사업인정고시일로부터 2년(2021. 5. 4. 이후 사업인정고시되는 사업은 5년) 이전에 취득한 토지에 대해서는 비사업용토지에서 제외한다는 규정을 앞서 배웠습니다.

그렇다면 사업인정고시일로부터 2년(5년) 내 취득한 경우라면 어떻게 될까요? 토지소유자의 농지 취득일이 사업인정고시일로부터 2년(5년) 내라면 사업용토지 요건 충족 여부를 단계별로 적용하여 중과세율 배제가 가능한지 법적 판단을 하여야 합니다.

대부분의 요건이 농지자경감면 조건과 비슷하지만 몇 가지 차이점이 있으며, 그 기준이 좀 더 폭넓어 사업용토지로 인정되는 바가 많으니 요건을 자세히 살펴보기 바랍니다.

1단계 사실상 지목이 농지인지 확인

우선 확인할 사항은 수용부동산이 실제 농지인지 여부입니다. 공부상 지목은 답이지만 실제 현황이 대지인 경우는 실제 농지라고 보기 어려우므로, 대지의 비사업용토지 기준으로 중과세율 적용 여부를 판단하여야 합니다.

2단계 무조건 사업용 농지인지 확인

다음의 경우에 해당하는 농지는 사업용 여부에 대한 판단기준 충
족 여부와 상관없이 무조건 비사업용토지에서 제외됩니다.

① 8년 이상 재촌·자경한 농지 등을 배우자 또는 직계존속으로
  부터 상속·증여받는 경우. 다만, 양도 당시 「국토의 계획 및
  이용에 관한 법률」에 따른 도시지역(녹지지역 및 개발제한구
  역은 제외) 안의 토지는 제외
② 공해 등으로 소유자의 요구로 취득한 공장용지의 인접토지
③ 2005. 12. 31. 이전에 취득한 종중농지(주거·상업·공업지
  역에 한함)
④ 상속일로부터 5년 이내에 양도하는 상속토지(주거·상업·공
  업지역에 한함)

3단계 일정기간 이상 재촌·자경 여부 확인

① 사업용토지 기간기준: 보유기간 중 60% 이상을 직접 사업에
  사용한 경우
② 재촌기준: 농지소재지, 연접한 시·군·구 및 직선거리 30km
  내에서 사실상 거주하는 것
③ 자경기준: 상시 농작업에 종사하거나 농작업의 1/2 이상을 자
  기의 노동력에 의하여 경작하는 것, 사업소득금액(농업·임업
  에서 발생하는 소득, 부동산임대업, 농가부업소득은 제외)과

총급여액의 합계액이 3,700만 원 이상인 기간이 있는 경우와 복식부기 의무자 수입금액 기준(도소매업·부동산매매업 등 3억 원/제조업 등 1.5억 원/부동산임대업 등 0.75억 원, 수입금액 기준은 2020년도 분부터 적용) 이상의 수입금액이 있는 경우

* 사업용 의제 농지: 소유자가 거주 및 경작하지 아니하더라도 「농지법」 등의 법률에 따라 소유할 수 있는 농지는 예외적으로 재촌·자경으로 간주하게 됩니다. 즉, 하단의 농지는 재촌·자경하지 않아도 비사업용토지에서 제외됩니다.

- 상속개시일로부터 3년이 경과하지 아니한 토지(상속개시일로부터 양도일까지 농지로 사용된 경우에 한함)
- 8년 이상 자경한 자가 이농하는 경우 이농일로부터 3년이 경과하지 않은 농지
- 종자생산자, 농업기자재 생산자 목적 수행을 위한 소유 토지
- 농지전용허가를 받은 토지, 농지전용협의 완료 토지
- 농지개발사업지구 내 소재 농지 또는 한계농지의 정비사업으로 조성된 토지
- 농업기반공사 소유농지, 비영리사업자 소유농지, 매립농지
- 개발사업자가 토지수용, 공익사업, 개발사업과 관련하여 농지취득하여 당해 사업목적으로 사용되는 토지
- 5년 이상 계속 재촌·자경한 농지 소유자가 질병, 고령, 징집, 취학, 선거에 의한 공직취임 그 밖에 기획재정부령이 정하는 부득이한 사유로 인하여 자경할 수 없는 경우로 농지를 임대하거나 사용하는 토지

4단계 부득이한 사유기간 동안 사업용 기간으로 보는 경우 확인

법령에 따라 사용이 금지 또는 제한되는 등 부득이한 사유기간

동안 사업용 기간으로 보는 경우에 대해서는 "PART 3"의 비사업용 토지 부분을 참고하면 됩니다.

5단계 도시지역 밖의 농지인지 확인

농지의 비사업용토지 제외는 도시지역의 주거·상업·공업지역 이외의 지역에 소재한 농지이어야 합니다. 농지가 도시지역에 편입되는 경우에는 1년 이상 재촌·자경하거나 사업용 의제 농지의 경우에 한하여 편입일로부터 3년간 비사업용토지를 제외합니다.

⚖ 참고 판례

1. 대법원 2012두8335(2012. 7. 26.)
| 제목 | 사업인정고시일을 기준으로 비사업용토지 여부를 제한하는 규정은 헌법에 위배되지 아니함.
| 요약 | 토지에 관한 공익사업의 사업인정고시일을 기준으로 비사업용토지로 보지 아니하는 토지의 범위를 제한하거나 규정의 시행일이 속하는 과세연도에 양도하는 분부터 규정을 적용하는 것이 명백하게 불합리하거나 불공정하다고 할 수 없고 헌법상 조세평등주의 및 실질적 조세법률주의에 위배되지 아니함.

2. 심사양도2018-10(2018. 4. 23.)
| 제목 | 지구단위계획구역의 도로예정지로 지정된 쟁점토지를 비사업용토지로 본 처분
| 요약 | 지구단위계획구역의 도로예정지로 지정되었으나 양도일까지 타인이 경작했고 기간기준을 충족하지 못하여 쟁점토지는 비사업용토지에 해당함.

5

축산업 및 어업용토지의
감면 요건 판단

토지수용자가 축산업이나 수산업에 종사하는 도중에 수용이 되는 경우가 있습니다. 해당 토지수용자를 위한 감면은 기존에 없었지만, 축사용지에 대해서는 2011. 7. 25. 자유무역협정의 이행으로 생산액 감소 피해가 우려되는 축산농가를 지원하기 위하여 8년 이상 축산업에 사용한 축사용지를 양도하는 경우 양도소득세를 전액 감면하는 제도가, 어업용토지에 대해서는 2017. 12. 29. 8년 이상 직접어업에 사용한 어업용토지 등을 양도하는 경우 양도소득세의 전액을 감면하는 제도가 신설되었습니다.

1 축사용지감면

축산에 사용하는 축사와 이에 딸린 토지(이하 "축사용지") 소재지에 거주하는 거주자가 8년 이상 직접 축산에 사용한 축사용지의 폐업을 위하여 2025. 12. 31.까지 양도함에 따라 발생하는 소득에 대한 양도소득세의 전액을 다른 감면을 포함하여 1과세기간 동안 최대 1억 원, 5과세기간 동안 최대 2억 원을 감면합니다.

1) 거주자 요건 및 축사용지 소재지 요건

앞서 살펴본 8년 농지자경감면의 요건과 같이 양도일 현재 「소득세법」상 거주자이어야 하며, 주소지 또는 거주지가 축사용지가 소재하는 시·군·구, 연접한 시·군·구, 해당 축사용지로부터 직선거리로 30km 이내의 지역에 있어야 합니다. 다른 점은 '농지'가 아닌 '축사용지'라는 점입니다.

2) 8년 이상 직접축산 요건

앞서 살펴본 8년 농지자경감면의 요건과 같이 상시 축산업에 종사하여야 하며, 총급여액 등 소득금액이 3,700만 원을 초과하거나 수입금액 기준을 초과하는 해당 과세기간은 직접축산 기간에서 제외됩니다. 축산기간의 계산에 있어 상속받은 농지 등의 기간계산은 모두 8년 농지자경감면의 요건과 일치합니다. 다른 점은 '농지'가 아닌 '축사용지'라는 점입니다.

3) 축산을 폐업하고 축사와 축사용지를 양도하는 경우란?

해당 축사용지를 양도한 날이 속하는 과세기간의 과세표준신고와 함께 세액감면신청서 및 축산기간 및 폐업확인서를 납세지 관할 세무서장에게 제출하여야 합니다.

이 경우 폐업은 거주자가 축산을 사실상 중단하는 것으로서 해당 축사용지 소재지의 시장·군수·구청장으로부터 축산기간 및 폐업 확인서에 폐업임을 확인받아야 합니다.

축사용지감면의 특이점은 양도소득세를 감면받은 거주자가 해당 축사용지 양도 후 5년 이내에 축산업을 재개하는 경우에는 감면받은 세액을 추징한다는 점입니다. 다만, 축사용지에 대한 양도소득세 감면을 받은 사람이 그 이후에 상속으로 인하여 축산업을 하게 되는 경우에는 그러하지 아니합니다.

2 ▶ 어업토지감면

8년 이상 자경한 농지 및 축사에 사용한 축사용지에 대해 양도소득세 감면을 적용하고 있는 점을 감안하여 어업 지원을 위해 8년 이상 직접 어업에 사용한 어업용토지 등을 2025. 12. 31.까지 양도함에 따라 발생하는 소득에 대한 양도소득세의 전액을 다른 감면을 포함하여 1과세기간 동안 최대 1억 원, 5과세기간 동안 최대 2억 원을 감면합니다.

1) 거주자 요건 및 어업용토지 소재지 요건

앞서 살펴본 8년 농지자경감면의 요건과 같이 양도일 현재 「소득세법」상 거주자이어야 하며, 주소지 또는 거주지가 어업용토지가 소재하는 시·군·구, 연접한 시·군·구, 해당 어업용토지로부터 직선거리로 30km 이내의 지역에 있어야 합니다. 다른 점은 '농지' 가 아닌 '어업용토지'라는 점입니다.

2) 8년 이상 직접어업에 사용한 요건

앞서 살펴본 8년 농지자경감면의 요건과 같이 상시 어업에 종사 하여야 하며, 총급여액 등 소득금액이 3,700만 원을 초과하거나 수 입금액 기준을 초과하는 해당 과세기간은 직접어업 기간에서 제외 됩니다. 어업기간의 계산에 있어 상속받은 농지 등의 기간계산은 모두 8년 농지자경감면의 요건과 일치합니다. 다른 점은 '농지'가 아닌 '어업용토지'라는 점입니다.

🔨 참고 판례

조심2017중4622(2018. 2. 20.)

| 제목 | 쟁점부동산은 8년 이상 직접축산에 사용하다 양도한 축 사용지이므로 축사용지감면대상이라는 청구주장의 당부

| 요약 | 쟁점부동산의 인터넷포털 위성사진 및 해당 건축물대장 상 양도 당시에는 축사가 이미 멸실되어 쟁점부동산이 나대지 상태로 양도된 것으로 보이는 점, 조세법률주의 원칙에서 파생되는 엄격해석의 원칙상 축산악취를 이유 로 인근 주민들이 제기한 민원에 의해 불가피하게 축산 업을 폐업한 사실을 축사용지에 대한 양도소득세 감면 사유로 확장해석할 수는 없는 점 등에 비추어 쟁점부동 산을 양도한데 대하여 축사용지에 대한 양도소득세 감 면을 적용하지 아니하고 양도소득세를 과세한 이 건 처 분은 잘못이 없음.

6

자경농민의 농지 등에 대한 취득세 감면

자경농민의 농지 등에 대한 취득세 감면은 농업을 주업으로 하는 사람으로서 2년 이상 영농에 종사한 사람 또는 후계농업경영인(이하 "자경농민")이 직접 경작할 목적으로 취득하는 농지 및 농지를 조성하기 위하여 취득하는 임야에 대해서는 취득세의 50%를 2026. 12. 31.까지 경감합니다.

1 감면대상자 및 감면대상 농지

농업을 주업으로 하는 사람으로서 2년 이상 '계속하여' 영농에 종사한 사람이어야 합니다. 본인 또는 동일한 세대별 주민등록표에 기재되어 있는 배우자 중 1명 이상이 취득일 현재 2년 이상 계속하여 영농에 종사하면서 직전연도 농업 이외 종합소득이 3,700만 원 미만이면 됩니다. 또한, 농지를 소유하지 않은 임차농민으로서 경작하고 있더라도 2년 이상 계속하여 직접 영농을 경영한 경우에는 취득세 50% 감면대상자에 포함하고 있습니다.

감면대상이 되는 농지는 논·밭·과수원 및 목장용지이므로 「농지법」상의 농지 범위인 논·밭 및 과수원과 차이가 납니다. 목장용지의 경우 「농지법」상 농지가 아니지만 감면대상 농지로 포함하여 판단하여야 합니다.

또한, 양잠 또는 버섯재배용 건축물, 고정식 온실, 축사, 축산폐수, 분뇨 처리시설, 저온창고, 상온창고, 농기계보관용 창고 및 농산물 선별처리시설 등 농업용 시설도 감면대상이 됩니다.

귀농인에 대한 지원도 개정이 되었습니다. 일정 요건을 충족하여 농촌 지역으로 이주하는 귀농인이 직접 경작 또는 직접 사용할 목적으로 귀농일부터 3년 이내에 취득하는 농지, 농지를 조성하기 위하여 취득하는 임야 및 농업용 시설에 대해서는 취득세의 50%를 2026. 12. 31.까지 경감받을 수 있습니다. 귀농인에 대한 상세요건은 자경농민과는 다르므로 별도 판단이 필요합니다.

2 ▷ 감면기준

다음의 3가지 요건이 모두 충족되어야 합니다.

① 농지소재지 기준: 농지 및 임야의 소재지가 도시지역(개발제한구역과 녹지지역은 제외) 외의 지역일 것

② 거주지 기준: 농지 및 임야를 취득하는 사람의 주소지가 농지 및 임야의 소재지인 시·군·구 또는 그 지역과 잇닿아 있는 시·군·구 지역이거나 농지 및 임야의 소재지로부터 30km

이내의 지역일 것

③ 농지규모 기준: 도시지역 안의 농지 및 임야를 포함하여 본인 또는 배우자가 소유하고 있는 농지 및 임야와 본인 또는 배우자가 새로 취득하는 농지 및 임야를 모두 합한 면적이

　가. 논·답·과수원은 3만㎡(농업진흥지역 안의 논·답·과수원의 경우에는 20만㎡)

　나. 목장용지는 25만㎡

　다. 임야는 30만㎡ 이내일 것

* 초과부분이 있을 때에는 그 초과부분만을 경감대상에서 제외합니다.

3 감면 취득세 추징사유

① 정당한 사유 없이 그 취득일부터 2년이 경과할 때까지 다음 중 어느 하나에 해당하는 경우

가. 농지의 취득일부터 2년 이내에 직접 경작하지 아니하는 경우
나. 임야의 취득일부터 2년 이내에 농지의 조성을 시작하지 아니하는 경우

② 농업용 시설의 취득일부터 1년 이내에 해당 용도로 직접 사용하지 아니하는 경우

③ 직접 경작 또는 직접 사용한 기간이 3년 미만인 상태에서 매각·증여하거나 다른 용도로 사용하는 경우

대법원 2015두35918(2015. 4. 23.)

| 제목 | 화훼재배를 목적으로 사용하다가 일시적으로 판매시설로 전환하였다가 다시 묘목재배를 한 경우 이를 농지로 볼 수 있는지 여부

| 요약 | '자경농민이 농지 등을 취득한 후 2년 이내에 직접 경작하지 않거나 농지조성을 시작하지 않는 경우'와 '농지를 2년 이상 경작하지 않은 상태에서 매각·증여 또는 다른 용도로 사용하는 경우'에 경감된 취득세를 추징하는 것으로 보임. 그런데 원고는 2년 이상 경작하지 않은 상태에서 이 사건 토지를 다른 용도로 사용한 이상 원고로부터 경감된 취득세를 추징하여야 할 것이고, 원고가 이 사건 토지를 취득한 지 2년이 되는 시점에 이 사건 토지를 농지로 사용하는지의 여부에 따라 달리 볼 것은 아니라 할 것이다.

| 세제혜택 요약표 |

세제혜택 명칭	세제혜택 요건
농지 자경 감면	1. 거주 요건: 거주자(예외적인 경우 비거주자도 포함) 2. 농지 요건: 양도일 현재 사실상 운용형태에 따른 농지 3. 재촌 요건: 동일 소재지 또는 연접한 시·군·구 또는 직선거리 30km 이내 재촌 4. 자경 요건: 해당 농지의 취득일부터 양도일까지 통산하여 8년 이상 직접 자경 5. 편입 요건: 주거지역, 상업지역, 공업지역 편입 후 3년 내 양도 (다만, 광역시의 군 지역, 도·농 복합형태 시의 읍·면 지역은 편입 후 3년 후 양도 가능) 6. 감면 한도: 다른 감면을 포함하여 1과세기간 동안 최대 1억 원, 5과세기간 동안 최대 2억 원
농지 대토 감면	1. 거주 요건: 거주자(예외적인 경우 비거주자도 포함) 2. 종전농지 요건: 양도일 현재 사실상 운용형태에 따른 농지 3. 재촌 요건: 종전농지에서 4년 이상 재촌 후 신규농지 재촌기간 포함하여 8년 이상 4. 자경 요건: 종전농지에서 4년 이상 자경 후 신규농지 자경기간 포함하여 8년 이상 5. 기간 요건: 선양도(또는 후 취득) 후 1년(예외 2년) 이내 신규농지 취득(종전농지 양도) 6. 면적 또는 가액 요건: 종전농지 면적의 2/3 이상 또는 가액의 1/2 이상 7. 편입 요건: 주거지역, 상업지역, 공업지역 편입 후 3년 내 양도 (다만, 광역시의 군 지역, 도·농 복합형태 시의 읍·면 지역은 편입 후 3년 후 양도 가능) 8. 감면 한도: 다른 감면을 포함하여 1과세기간 동안 최대 1억 원, 5과세기간 동안 최대 1억 원(타 감면 포함하여 2억 원)

세제혜택 명칭	세제혜택 요건
축사용지 감면 및 어업용토지 감면	1. 거주 요건: 거주자로서 축산인 또는 어업인 · 수산종자생산업자 (예외적인 경우 비거주자도 포함) 2. 용지 요건: 양도일 현재 사실상 운용형태에 따른 축사용지 · 어업 용지 3. 재촌 요건: 동일 소재지 또는 연접한 시 · 군 · 구 또는 직선거리 30km 이내 재촌 4. 직접운영 요건: 축사용지 · 어업용지의 취득일부터 양도일까지 통산 하여 8년 이상 직접 운영 5. 편입 요건: 주거지역, 상업지역, 공업지역 편입 후 3년 내 양도 (다만, 광역시의 군 지역, 도 · 농 복합형태 시의 읍 · 면 지역은 편입 후 3년 후 양도 가능) 6. 감면 한도: 다른 감면을 포함하여 1과세기간 동안 최대 1억 원, 5과 세기간 동안 최대 2억 원
공익수용 시 사업용농지 (일반규정)	1. 농지 요건: 양도일 현재 사실상 운용형태에 따른 농지 2. 재촌 요건: 동일 소재지 또는 연접한 시 · 군 · 구 또는 직선거리 30km 이내 재촌 3. 자경 요건: 해당 농지를 상시 자경 또는 1/2 이상을 자기노동력에 의해 경작 또는 재배 4. 기간 요건: 전체 보유기간 중 60% 이상을 직접 사업에 사용할 것 5. 지역 요건: 주거지역, 상업지역, 공업지역 밖에 위치 6. 면적기준: 없음. 7. 무조건 사업용으로 인정되는 경우 존재

part 06

내 수용부동산이
임야 또는 대지인 경우

토지소유자의 수용부동산 지목에 따른 세액감면의 요건과 각 지목의 특성에 맞는 다양한 양도소득세 절세방법에 대해서 알아보고 있습니다. 이번에 살펴보게 될 지목은 임야와 대지입니다.

임야와 대지를 실제로 농지로 쓰고 있다면 농지자경감면이 가능할까요? 이 밖에 임야만 적용 가능한 자경산지감면과 임야와 대지의 비사업용토지에 해당하지 않기 위한 요건들에 대해서 살펴보겠습니다.

* 공익수용 시 임야 및 대지는 다음의 감면들이 적용 가능합니다.

감면 명칭	감면 가능 수용부동산
자경산지감면	임야
공익수용감면	수용부동산 현황지목 무관
개발제한구역감면	
대토보상 과세특례	
대토취득세감면	

1

공부상 임야 또는 대지이지만
자경감면이 가능할까요?

1 농지는 사실상 운영형태로 판단

수용부동산의 공부상 지목이 임야 및 대지이더라도 사실상 운용형태가 전·답·과수원 등 농지인 경우 해당 토지는 임야 또는 대지가 아니라 농지로 봄이 타당합니다. 세법은 실질과세원칙에 입각하여 거래형식에 불구하고 사실상 개념을 적용하여 세액을 산정하는 것이 원칙이기 때문입니다.

이는 곧 헌법상의 기본이념인 평등의 원칙을 조세법률 관계에 구현하기 위한 실천적 원리로서, 과세요건사실에 관하여 실질과 괴리되는 비합리적인 형식이나 외관을 취하는 경우에 그 형식이나 외관에 불구하고 실질에 따라 담세력이 있는 곳에 과세함으로써 과세의 형평을 제고하여 조세정의를 실현하고자 함입니다. 따라서 양도일 현재 공부상 지목이 임야 또는 대지이지만 현황이 농지로 이용되는 경우에는 농지와 관련된 감면규정 적용이 가능합니다.

농지의 경우 앞서 살펴본 바와 같이 8년 자경하였을 시 농지자경 감면 적용으로 다른 감면을 포함하여 1과세기간 동안 최대 1억 원, 5과세기간 동안 최대 2억 원까지 감면이 가능합니다. 실제 판례를 통해 농지자경감면의 가능성을 살펴보겠습니다.

2 공부상 지목이 임야인 경우

1) 자경을 인정한 판례

> **1. 심사양도2010-14(2010. 6. 28.)**
>
> |제목| 공부상 지목이 임야이나 실제로는 자경농지인지 여부
>
> |요약| 쟁점토지가 농지인지를 살펴보면, 농지원부상에 쟁점토지의 공부상 지목이 임야와 하천이지만 실제 현황이 전(田)이고, 청구인이 자경한 것으로 등재되어 있는 점, 계약 당시와 잔금지급일에도 사실상 현황은 농지로서 콩, 들깨 등 농작물을 재배 중이었다고 확인한 점, ○○ 시청의 종합토지세 과세내역서상에도 농지로 기재되어 있는 점 등을 감안해 볼 때, 청구인이 쟁점토지를 취득한 이후 잡곡재배 등 경작에 사용하였다는 주장은 신빙성이 있어 보인다.
>
> **2. 심사양도2004-111(2005. 1. 17.)**
>
> |제목| 임야상태로 양도한 것으로 보아 8년 이상 자경농지감면을 배제한 처분
>
> |요약| 청구인은 축산업을 1998년에 폐업하였고 축산업을 위한 건물 및 부속토지에 대하여는 양도소득세를 자진 신고·납부한 점, ○○주택공사에서 1차 및 2차로 양수한 토지 중 청구인이 당초부터 감면신청한 면적(3,930㎡)보다 더 많은 면적(4,118㎡)에 대하여 작물이 재배되고 있는 것으로 하여 실농보상금이 지급되었고, 실농보상금이 지급된 작물 중 고추 등은 축산업을 위한 사료로 보기는 어려운 점, 현지 확인 시 이들 토지는 농지상태였고, 1차로 양도한 토지에 대한 이의신청결정 시에도 처분청이 양도 당시 농지인 것으로 판단한 점 등으로 보아 쟁점토지 등은 양도 당시 농지상태로 판단됨.

추가로 확인한 1991. 6. 14.과 1994. 5. 28., 2002. 11. 15. 촬영한 항공사진상에는 쟁점토지들이 농지로 이용된 것으로 판독된 점 등으로 보아 쟁점토지와 쟁점 외 토지는 최소한 1994년 이후부터 양도 시까지 농지로 사용되었다고 판단된다.

2) 자경을 인정하지 않은 판례

1. 서울고법 2014누49011(2014. 12. 3.)

| 제목 | 8년 이상 자경농지로 양도소득세 감면대상이라는 주장을 받아들일 수 없음.

| 요약 | 이 사건 토지는 공부상 지목이 임야로서 원고 스스로 1969년 소유권보존등기를 마친 이래 임야임을 전제로 재산세 등을 납부한 것으로 보일 뿐 그 실제 이용 상황을 '전'으로 보고 세금을 납부하였다거나 지목변경절차를 거쳤다고 볼 만한 내용이 전혀 나타나지 않는다. 2006년부터 2010년까지 촬영된 항공사진을 보더라도 원고 주장과 같이 이 사건 토지의 현황이 농지인지 여부를 확인할 수는 없다. 일부 경작 부분을 감안한다고 하더라도 임야인 이 사건 토지의 주된 용도에 지장이 없는 범위에서의 잠정적인 토지의 이용에 불과한 것으로 보인다.

2. 인천지법 2009구단2082(2010. 2. 11.)

| 제목 | 공부상 지목이 임야이고 일부에 농작물을 경작하였더라도 자경농지로 볼 수 없음.

| 요약 | 이 사건 토지는 공부상 지목이 임야인 사실, 원고가 제출한 농지원부에는 원고가 자경하고 있는 농지가 등재되어 있으나 이 사건 토지는 자경농지로 등재되어 있지 아니한 사실에 비추어 이 사건 토지는 임야일 뿐 농지로 경작되지 아니한 것으로 보이는 점, 이 사건 토지를 촬영한 항공사진에 의하면 이 사건 토지는 주로 잡목들이 무성하게 우거진 임야상태로 보이는 사실에 비추어 이 사건 토지는 농지로 경작되었다고 보기 어렵고, 그중 일부가 농지로 경작되었다고 하더라도 매우 적은 부분을 차지할 것으로 보이는 점 등을 종합하면 원고가 이 사건 토지를 직접 경작하였다는 점을 인정하기에 부족하며 달리 반증이 없다.

3 ▸ 공부상 지목이 대지인 경우

1) 자경을 인정한 판례

> **1. 대법원 90누4662(1990. 12. 26.)**
>
> | 제목 | 양도계약 체결 당시까지 8년 이상 자경한 농지를 양수인이 인도받아 중도금이나 잔금 지급 전에 대지화시킨 경우 양도소득세의 부과 가부
>
> | 요약 | 양도소득세를 부과하지 아니하는 경우인 양도할 때까지 8년 이상 자기가 경작한 토지로서 "양도일 현재의 농지"라 함은 양도계약 체결 당시에 농지임을 요한다는 취지로 해석할 것이고 양도계약 체결 후 그 계약내용에 의하여 양수인이 토지를 인도받아 그 중도금이나 잔금 지급 전에 대지화시켰다고 하더라도 양도계약 체결 당시까지 8년 이상 자경한 농지인 경우에는 양도소득세를 부과할 수 없다고 할 것이다.
>
> **2. 조심2008중984(2008. 10. 1.)**
>
> | 제목 | 공부상 지목이 대지인 쟁점토지를 청구인이 8년 이상 자경한 것으로 보아 양도소득세 감면을 적용할 수 있는지 여부
>
> | 요약 | ○○공사가 청구인 등 마을주민과의 마찰을 피하기 위하여 보상가격이 높은 공부상 지목으로 평가한 것으로 보여지고, 처분청은 ○○공사에서 2006. 2. 15. 자로 촬영한 쟁점토지의 현황 사진에 자갈, 시멘트 조각 등이 혼재하고 있어서 영농흔적을 전혀 발견할 수 없다고 답변하였으나 촬영시점이 농한기인 겨울철로서 영농에 사용한 비닐 등이 나타나는 등 실제 현황을 잘못 판단한 것으로 보여지며, 쟁점토지에서 청구인의 모 이○○가 1977년부터 1996년까지 ○○판매업소를 운영하였다고 하나 이는 주민등록을 잘못 등재한 결과일 뿐 실제 판매는 청구인의 주택이 소재한 창고에서 하였다는 청구인의 의견진술내용에 신빙성이 있다고 보여짐.
> 따라서 처분청이 쟁점토지를 공부상 지목이 대지라는 사유로 양도 당시 농지가 아닌 것으로 보아 8년 이상 재촌자경한 농지에 대한 양도소득세 감면을 배제한 처분은 사실관계를 오해한 잘못이 있다고 판단됨.

2) 자경을 인정하지 않은 판례

---

1. 대법원 2015두41012(2015. 7. 9.)

| 제목 | 자경 요건에 대한 객관적인 증빙이 없고, 농지로 보이지 않는 점으로 보아 자경하였다고 보기 어려움.

| 요약 | 항공사진으로 농작물을 재배한 흔적이 보이지 않고, 나대지로 방치되었다는 주변인의 진술, 재산세 부과현황상 잡종지로 기재되어 있는 점, 느티나무와 잣나무를 판매목적으로 재배하였다고 볼 만한 정황이 없는 점 등으로 보아 토지를 자경하였다고 보기 어려움.

2. 대법원 2013두20967(2014. 1. 24.)

| 제목 | 양도 당시 토지가 농지로 이용되거나 일시적 휴경상태에 있었던 것으로 인정할 수 없음.

| 요약 | 토지는 건물의 대지 또는 폐자재 등의 야적장으로 사용되고 있었던 것으로 보이고 일시적인 휴경상태로 있던 것이라고 볼 수 없는 점, 양도소득세 신고 시 경작사실이 없다고 자인한 바 있는 점 등에 비추어 토지에 대한 보상가액 산정 당시 '전'으로 평가되었다 하더라도 양도토지가 사성농지에 해당한다고 보기 어려움.

위의 판례에 따르면 양도일 현재 수용부동산의 지목이 임야인지 대지인지에 대한 판단은 앞 파트에서 살펴본 농지의 경우와 같이 사실상 운영형태에 따르는 것이고, 이를 입증할 만한 서류의 유무도 매우 중요합니다.

평소 수용부동산의 이용현황을 입증할 수 있는 기본서류를 잘 관리하는 것이 양도일 현재 정확한 현황입증과 함께 올바른 감면적용의 시작임을 숙지하여야 합니다.

2

산림 운영 시 자경산지감면 검토

　임야에서 산림을 운영하고 있는 토지소유자는 어떤 감면을 받을 수 있을까요? 산림자원의 육성 지원을 위해 2018. 1. 1. 이후 양도하는 분부터 산림경영계획인가를 받아 10년 이상 자경한 산지를 양도함에 따라 발생하는 양도소득세액에 대해 자경기간별 감면세율을 달리하여 감면해주고 있습니다. 자경산지감면은 다른 감면을 포함하여 1과세기간 동안 최대 1억 원, 5과세기간 동안 최대 2억 원을 한도로 감면이 가능합니다.

직접 경영한 기간	감면 세액
10년 이상 20년 미만	양도소득세의 10%
20년 이상 30년 미만	양도소득세의 20%
30년 이상 40년 미만	양도소득세의 30%
40년 이상 50년 미만	양도소득세의 40%
50년 이상	양도소득세의 50%

감면 요건은 감면대상자, 감면산지, 임업 경영기간 3가지로 나눌 수 있습니다.

1 감면대상자

직접 경영한 기간이 10년 이상이면서 산지가 소재하는 시·군·구 안의 지역, 지역과 연접한 시·군·구 안의 지역, 해당 산지로부터 직선거리로 30km 이내의 지역에서 거주한 「임업 및 산촌 진흥촉진에 관한 법률」에 따른 임업인으로서 산지 양도일 현재 '거주자'인 자(비거주자가 된 날부터 2년 이내인 사람을 포함한다)를 말합니다.

2 감면산지

1) 양도일 현재의 자경산지를 기준으로 합니다

감면대상이 되는 산지란, 해당 토지를 취득하고 「산림자원의 조성 및 관리에 관한 법률」 제13조에 따른 산림경영계획인가를 받은 날부터 양도할 때까지의 기간에 직접 경영한 기간 이상 자기가 직접 임업에 사용한 「산지관리법」 제4조 제1항 제1호에 따른 보전산지이어야 합니다.

양도일 현재를 기준으로 자경산지를 판정하므로 처음부터 자경산지가 아니거나, 취득 시에는 자경산지로 사용하였으나 양도일 현재 자경산지가 아니면 감면을 받지 못하게 됩니다.

다만, 양도일 이전에 매매계약조건에 따라 매수자가 형질변경, 건축착공 등을 한 경우에는 매매계약일 현재의 자경산지를 기준으로 판정하고, 환지처분 전에 해당 자경산지가 자경산지 외의 토지로 환지예정지 지정이 되고 그 환지예정지 지정일부터 3년이 경과하기 전의 토지로서 환지예정지 지정 후 토지조성공사의 시행으로 자경을 하지 못하게 된 경우에는 토지조성공사 착수일 현재의 자경산지를 기준으로 판정하게 됩니다.

2) 도시지역 내 주거·상업·공업지역이 아닐 것

도시지역의 주거·상업·공업지역에 소재하는 자경산지의 경우 자경산지로 사용되는 것이 부적합하므로, 자경산지로 이용되더라도 감면을 배제합니다. 이는 양도일 현재 특별시·광역시 또는 시에 있는 자경산지 중 주거·상업·공업지역 안에 있는 자경산지로서 이들 지역에 편입된 날(관보게시일)부터 3년이 지난 자경산지를 말합니다. 또한, 「도시개발법」 또는 그 밖의 법률에 따라 환지처분 이전에 자경산지 외의 토지로 환지예정지를 지정하는 경우에는 그 환지예정지 지정일부터 3년이 지난 자경산지(환지처분에 따라 교부받는 환지 청산금에 해당하는 부분은 제외)도 감면에서 제외됩니다.

다만, 광역시에 있는 군 지역, 「지방자치법」에 따라 설치된 도농복합형태의 시의 읍·면 지역 및 제주특별자치도의 읍·면 지역은 감면이 가능하며, 주거·상업·공업지역으로 편입된 자경산지 중 대규모개발사업 내 자경산지 보상이 지연되는 경우 및 국가 또는 지방자치단체 등의 부득이한 사유로 지연되는 경우는 편입일로부터 3년이 경과되어도 감면이 가능합니다.

3 임업 경영기간

1) 직접 경영한 산지

① 거주자가 그 소유 산지에서 「임업 및 산촌 진흥촉진에 관한 법률」에 따른 임업에 상시 종사하거나 임작업의 2분의 1 이상을 자기의 노동력에 의하여 수행할 것

② 임업에 사용한 기간 중 해당 피상속인(그 배우자 포함) 또는 거주자 각각의 사업소득금액(농업·임업에서 발생하는 소득, 부동산임대업, 농가부업소득은 제외)과 총급여액의 합계액이 3,700만 원 이상인 기간이 있는 경우와 복식부기 의무자 수입금액 기준(도소매업·부동산매매업 등 3억 원/제조업 등 1.5억 원/부동산임대업 등 0.75억 원, 수입금액 기준은 2020년도 분부터 적용) 이상의 수입금액이 있는 경우

2) 교환·분합 및 대토한 신규 산지가 수용되는 경우

「토지보상법」 및 그 밖의 법률에 따라 협의매수되거나 수용되는 경우에는 교환·분합 및 대토 전의 산지를 임업에 사용한 기간을 포함하여 계산합니다.

3) 상속받은 자경산지

① 상속인이 상속받은 자경산지를 1년 이상 계속하여 임업에 사
용하는 경우, 다음의 기간은 상속인이 임업에 사용한 기간으
로 봅니다.

- 피상속인이 취득하여 임업에 사용한 기간(직전 피상속인이
임업에 사용한 기간으로 한정한다)
- 피상속인이 배우자로부터 상속받아 한 사실이 있는 경우에
는 피상속인의 배우자가 취득하여 임업에 사용한 기간

② 상속인이 상속받은 자경산지를 1년 이상 임업에 사용하지 아
니하더라도, 다음의 경우는 위 "①"의 임업기간을 상속인이 임
업에 사용한 기간으로 봅니다.

- 상속받은 날부터 3년이 되는 날까지 양도하는 경우
- 「토지보상법」에 따라 협의매수 또는 수용되는 경우로서 상
속받은 날부터 3년 이내에 관련법에 따라 지정·고시된 택
지개발지구, 산업단지, 공공주택지구, 정비구역, 신항만건
설 예정지역, 도시개발구역, 철도건설사업실시계획 승인을
받은 지역으로 지정되는 경우

3

임야의 비사업용토지 판단

공익수용의 경우 사업인정고시일로부터 2년(2021. 5. 4. 이후 사업인정고시되는 사업은 5년) 이전에 취득한 토지에 대해서는 비사업용토지에서 제외한다는 규정을 앞서 배웠습니다.

그렇다면 사업인정고시일로부터 2년(5년) 내 취득한 경우라면 어떻게 될까요? 토지소유자의 임야 취득일이 사업인정고시일로부터 2년(5년) 내라면 사업용토지 요건 충족 여부를 단계별로 적용하여 중과세율 배제가 가능한지 법적 판단을 하여야 합니다.

1단계 사실상 지목이 임야인지 확인

우선 확인할 사항은 수용부동산이 실제 임야인지 여부입니다. 공부상 지목은 임야이지만 실제 현황이 농지인 경우는 실제 임야라고 보기 어려우므로, 농지의 비사업용토지 기준으로 중과세율 적용 여부를 판단하여야 합니다.

2단계 무조건 사업용 임야인지 확인

다음의 경우에 해당하는 임야는 사업용 여부에 대한 판단기준 충족 여부와 상관없이 무조건 비사업용토지에서 제외됩니다.

① 8년 이상 재촌한 임야를 배우자 또는 직계존속으로부터 상속·증여받은 경우

② 공해 등으로 소유자의 요구로 취득한 공장용지의 인접 토지

3단계 일정기간 이상 재촌 여부 확인

① 사업용토지 기간기준: 보유기간 중 60% 이상을 직접 사업에 사용한 경우

② 재촌기준: 임야소재지 시·군·구, 연접한 시·군·구 및 직선거리 30km 내에 주민등록이 되어 있고 사실상 거주하는 경우

③ 임야는 농지의 경작 요건과 같은 특별한 용도제한 없이 단지 임야 소재지에서 거주하기만 하면 됩니다.

* 공익상 필요한 임야와 상당한 이유가 있는 임야는 비사업용토지에서 제외

• 공익상 필요한 임야

산림보호구역, 채종림, 시험림, 산림경영계획인가를 받아 사업 중인 임야, 특수산림사업지구 안의 임야, 사찰림, 동유림, 공원자연보전지구 및 공원자연환경지구 안의 임야, 도시공원 안의 임야, 문화재보호구역 안의 임야, 전통사찰이 소유하고 있는 경내지, 개발제한구역 안의 임야, 군사기지 및 군사시설보호구역 안의 임야, 접도구역 안의 임야, 철도보호구역 안의 임야, 홍수관리구역 안의 임야, 상수원보호구역 안의 임야 등

- 상당한 이유가 있는 임야

  임업후계자가 사용한 임야, 종묘생산업자가 사용하는 임야, 자연휴양림을 조성 또는 관리·운영하는 사업에 사용되는 임야, 수목원을 조성 또는 관리·운영하는 사업에 사용되는 임야, 산림계가 사용하는 임야, 종교 등 비영리사업자가 사용하는 임야, 상속개시일부터 3년이 경과하지 아니한 상속 임야, 2005. 12. 31. 이전 취득한 종중 임야 등

4단계 부득이한 사유기간 동안 사업용 기간으로 보는 경우 확인

법령에 따라 사용이 금지 또는 제한되는 등 부득이한 사유기간 동안 사업용 기간으로 보는 경우에 대해서는 "PART 3"의 비사업용 토지 부분을 참고하면 됩니다.

5단계 도시지역 내의 임야인지 확인

임야는 원칙적으로 지역기준을 적용하지 않습니다. 다만, 예외적으로 산림경영계획인가를 받아 사업 중인 임야와 특수산림사업지구 안 임야만 지역기준인 도시지역 내 주거·상업·공업지역 적용을 받아 도시지역으로 편입된 날로부터 3년이 경과되지 아니한 임야에 한하여 비사업용토지에서 제외됩니다.

1. 대법원 2018두43156(2018. 8. 30.)

| 제목 | 도시지역 안의 임야로서 도시지역으로 편입된 날부터 3년 이 경과한 임야에 해당하면 비사업용토지에 해당함.

| 요약 | 「국토의 계획 및 이용에 관한 법률」에 따른 도시지역 안의 임야로서 도시지역으로 편입된 날부터 3년이 경과한 임야 에 해당하면 비사업용토지에 해당함.

2. 조심 2018광2357(2018. 7. 31.)

| 제목 | 쟁점토지가 임야에 해당하므로 이를 사업용토지로 보아야 한다는 청구주장의 당부 등

| 요약 | 청구인이 임야라고 주장하는 인근의 레미콘 공장과의 경계 부분에 수목이 존재하는 부분은 그 실제 현황이 임야로 보 이므로 이 부분은 비사업용토지에서 제외하는 것이 타당하 다고 판단

4

대지의 비사업용토지 판단

공익수용의 경우 사업인정고시일로부터 2년(2021. 5. 4. 이후 사업인정고시되는 사업은 5년) 이전에 취득한 토지에 대해서는 비사업용토지에서 제외한다는 규정을 앞서 배웠습니다.

그렇다면 사업인정고시일로부터 2년(5년) 내 취득한 경우라면 어떻게 될까요? 토지소유자의 대지 취득일이 사업인정고시일로부터 2년(5년) 내라면 사업용토지 요건 충족 여부를 단계별로 적용하여 중과세율 배제가 가능한지 법적 판단을 하여야 합니다. 이하에서는 주택 등 건물의 부수토지를 제외한 나대지 및 잡종지 등 기타토지의 비사업용토지 요건에 대해 살펴보겠습니다.

1단계 사실상 지목이 나대지 등인지 확인

우선 확인할 사항은 수용부동산이 실제 나대지 등인지 여부입니다. 공부상 지목은 대지이지만 실제 현황이 농지인 경우는 실제 대지라고 보기 어려우므로, 농지의 비사업용토지 기준으로 중과세율 적용 여부를 판단하여야 합니다.

2단계 재산세 종합합산과세대상인지 확인

나대지의 경우는 「지방세법」상 과세체계를 상당부분 준용하고 있어 다음에 해당하는 「지방세법」상 토지는 사업용토지로 인정됩니다. 이외 재산세가 종합합산과세되는 경우에는 원칙적으로 비사업용토지로 분류되어 중과됩니다.

① 「지방세법」 또는 관계 법률에 따라 재산세가 비과세되거나 면제되는 토지

② 「지방세법」 제106조 제1항 제2호 및 제3호에 따른 재산세 별도합산과세대상 또는 분리과세대상이 되는 토지

③ 토지의 이용 상황, 관계 법률의 의무 이행 여부 및 수입금액 등을 고려하여 거주 또는 사업과 직접 관련이 있다고 인정할 만한 상당한 이유가 있는 토지로서 대통령령으로 정하는 것

종합합산대상 토지는 다음과 같습니다.

① 건축물이 없는 일반적 의미의 나대지, 잡종지 등

② 건축물이 있어도 건축물이 없는 토지로 보는 다음의 경우

  • 건축물 시가표준액이 당해 부속토지 시가표준액의 2%에 미달하는 건축물의 부속토지

  • 무허가 또는 사용승인 등을 받지 아니한 건축물의 부속토지

③ 분리과세 대상토지 중 기준면적 초과 토지: 시 지역의 산업단지 및 공업지역과 군·읍·면 지역에 위치한 공장용 건축물의 부속토지 중 공장입지 기준면적 초과 토지

④ 별도합산 대상토지 중 기준 초과 토지

- 공장용 건축물의 부속토지로 용도지역별 배율을 적용하여 기준 초과 토지
- 영업용 건축물의 부속토지로 기준 초과 토지
- 지상정착물의 부속토지로 기준면적을 초과한 부속토지

⚖ 종합합산대상 토지 참고 판례

서울행법 2011구단25879(2012. 3. 23.)

| 제목 | 재산세 종합합산과세대상 토지로서 비사업용토지에 해당함.

| 요약 | 농지, 임야 및 목장용지 외의 토지로「지방세법」상 종합합산과세대상이 되는 것은 원칙적으로 비사업용토지에 해당하는바, 소유하던 전체 기간 동안 대지인 토지가「지방세법」상 재산세 종합합산과세대상인 이상「소득세법」상 비사업용토지에 해당함.

TIP 「지방세법」상 재산세 과세대상 구분

1. 종합합산과세대상

과세기준일 현재 납세의무자가 소유하고 있는 토지 중 별도합산과세대상 또는 분리과세대상이 되는 토지를 제외한 토지

다음에 해당하는 용도로 이용되거나 고유목적을 가지는 재산세가 면제·비과세되는 나대지 등은 비사업용토지에서 제외합니다.

1) 국가, 지방자치단체, 지방자치단체조합, 외국정부 및 주한국제기구의 소유에 속하는 재산

2) 국가, 지방자치단체 또는 지방자치단체조합이 1년 이상 공용 또는 공공용으로 사용하는 재산. 다만, 국가 등이 해당 재산을 유료로 사용하는 경우에는 비과세하지 않습니다.

3) 일정한 도로 · 하천 · 제방 · 구거 · 유지 및 묘지. 다만, 도로라고 함은 도로법에 의한 도로와 그 밖에 일반인의 자유로운 통행에 공여할 목적으로 개설한 사도를 의미합니다.
4) 임시로 사용하기 위하여 건축된 건축물로서 재산세 과세기준일 현재 1년 미만의 것

2. 별도합산과세대상
   과세기준일 현재 납세의무자가 소유하고 있는 토지 중 다음 중 어느 하나에 해당하는 토지는 별도합산하여 과세합니다.
   1) 공장용 건축물의 부속토지 등 대통령령으로 정하는 건축물의 부속토지
   2) 차고용 토지, 보세창고용 토지, 시험 · 연구 · 검사용 토지, 물류단지시설용 토지 등 공지상태(空地狀態)나 해당 토지의 이용에 필요한 시설 등을 설치하여 업무 또는 경제활동에 활용되는 토지로서 대통령령으로 정하는 토지
   3) 철거 · 멸실된 건축물 또는 주택의 부속토지로서 대통령령으로 정하는 부속토지

3. 분리과세대상
   과세기준일 현재 납세의무자가 소유하고 있는 토지 중 국가의 보호 · 지원 또는 중과가 필요한 토지로서, 다음 중 어느 하나에 해당하는 토지 등은 분리과세합니다.
   1) 공장용지 · 전 · 답 · 과수원 및 목장용지로서 대통령령으로 정하는 토지
   2) 산림의 보호육성을 위하여 필요한 임야 및 종중 소유 임야로서 대통령령으로 정하는 임야 등등

다만, 1세대가 양도일 현재 국내에 1주택을 보유하면서 그 주택 및 주택부수토지가 사업인정고시일 전에 취득하였고 「토지보상법」 또는 그 밖의 법률에 의해 수용되는 경우 보유 및 거주기간의 제한을 받지 아니합니다.

3단계 종합합산과세대상 토지 중 비사업용토지 예외사항

재산세가 종합합산과세되는 토지는 원칙적으로 비사업용토지로 분류되어 중과되지만, 거주 또는 사업과 직접 관련이 있는 토지는 예외적으로 토지의 이용상황이나 사업성 여부 등이 인정되어 비사업용토지에서 제외됩니다.

크게 체육시설용 토지, 주차전용 토지, 개발사업자가 조성한 토지, 청소년 수련시설용 토지, 예비군훈련장용 토지, 휴양시설용 토지, 하치장용 등의 토지, 골재채취장용 토지, 폐기물수집 및 처리업용 토지, 광천지, 양어장·지소용 토지, 기타수입금액 적용 토지, 무주택자가 소유하는 나지가 있습니다. 이 중 수용관련 3가지 사항에 대해 알아보도록 하겠습니다.

1) 주차전용 토지

① 부설주차장

「주차장법」상 부설주차장은 건축물, 골프연습장, 그 밖에 주차수요를 유발하는 시설에 부대하여 설치된 주차장으로서 해당 건축물·시설의 이용자 또는 일반의 이용에 제공되는 것을 말합니다. 이러한 부설주차장 면적이 부설주차장 설치기준면적 이내의 토지이며 사업의 허가·개업 또는 변경을 위해 필수적으로 조성해야 하는 법적 의무에 따라 설치되면 비사업용토지에서 제외됩니다. 단, 고객 편의를 위해 임의로 설치한 부설주차장은 비사업용토지에서 제외되지 않습니다.

② 운송사업 업무용 주차장

「여객자동차 운수사업법」 또는 「화물자동차 운수사업법」에 따라 여객자동차운송사업 또는 화물자동차운송사업의 면허·등록 또는 자동차대여사업의 등록을 받은 자 이외의 자로서 필수적으로 보유하여야 하는 사업에 제공되는 업무용 자동차의 주차장용 토지는 해당 업무용 자동차의 차종별 대수에 따라 세법에서 계산한 일정 면적 이내의 주차장만 비사업용토지에서 제외되는 주차장으로 합니다. 단, 승용자동차·이륜자동차 및 종업원의 통근용 승합자동차는 업무용 자동차의 범위에서 제외합니다.

③ 주차장 운영업

「주차장법」에 따른 노외주차장으로서 주차장 운영업을 사업목적으로 하는 경우에는 해당 토지소유자가 직접 주차장 운영업을 영위하여야 함과 동시에 주차장운영에 따른 연간수입금액의 합계액이 해당 주차장으로 사용되는 토지가액의 3% 이상이 되어야 합니다. 따라서 주차장으로 사용되는 나대지의 소유자 이외의 자에게 임대를 주거나 운영을 위임하는 경우에는 사업용으로 인정되지 않습니다.

서울행법 2011구단11016(2011. 11. 22.)

| 제목 | 주차장 영업에 사용하였으나 수입금액이 토지가액의 100분의 3에 미치지 못하여 비사업용토지에 해당함.

| 요약 | 「지방세법」상 종합합산과세대상 토지에 해당하고 토지 취득 후 주차장 운영업용으로 사용하였으나 그 수입금액이 토지가액의 100분의 3에 미치지 못하므로 비사업용토지에 해당하고 기준비율은 현저히 불리하다고 할 수 없어 모법의 위임 범위를 벗어난 무효규정이라고 볼 수 없음.

2) 수입금액 기준이 적용되는 토지

블록·석물·토관제조업용 토지, 화훼판매시설업용 토지, 조경작물식재업용 토지, 자동차정비·중장비정비·중장비운전 또는 농업에 관한 과정을 교습하는 학원용 토지, 그 밖에 이와 유사한 토지로서 토지의 가액에 대한 1년간의 수입금액의 비율이 일정률 이상인 토지는 비사업용토지에서 제외됩니다.

* 토지가액에 대한 1년간의 수입금액 비율

- 블록, 석물 및 토관제조업용 토지: 20%
- 조경작물식재업용 토지 및 화훼판매시설업용: 7%
- 자동차정비, 중장비정비, 중장비운전에 관한 과정을 교습하는 학원용 토지: 10%
- 농업에 관한 과정을 교습하는 학원용 토지: 7%

- 블록·석물·토관·벽돌·콘크리트제품·옹기·철근·비철금속·플라스틱
  파이프·골재·조경작물·화훼·분재·농산물·수산물·축산물의 도
  매업 및 소매업용(농산물·수산물 및 축산물의 경우에는 「유통산업발
  전법」에 따른 시장과 그 밖에 이와 유사한 장소에서 운영하는 경우에
  한한다) 토지: 10%

* 수입금액비율의 산정방법

토지가액에 대한 1년간의 수입금액비율은 과세기간별로 계산하되, 다음
의 비율 중 큰 것으로 합니다.

다만, 당해 토지에서 발생한 수입금액을 토지의 필지별로 구분할 수 있는
경우에는 필지별로 수입금액비율을 계산하되 당해 토지 및 건축물·시설
물 등에 관련된 사업의 1과세기간 수입금액으로 합니다.

- 당해 과세기간의 연간수입금액을 당해 과세기간의 토지가액으로 나눈
  비율
- (당해 과세기간의 연간수입금액 + 직전 과세기간의 연간수입금액) ÷
  (당해 과세기간의 토지가액 + 직전 과세기간의 토지가액)

수입금액 기준 적용 토지 참고 판례

서울고법 2011누6211(2011. 12. 7.)

| 제목 | 골재 등 도매업용 토지로 사용되었음을 인정하기 어려워 비
사업용토지에 해당함.

| 요약 | 토지 임대차계약서 및 부가가치세 수정신고 등은 양도토지
가 골재사업장으로 사용되었다는 주장을 뒷받침하기 위해
심판청구 과정에서 작성된 점, 토지를 소유하는 동안 나대
지 상태였고 일부에 소실된 건물 잔해가 남아있었던 점 등
에 비추어 골재사업장의 사업용지로 사용되었다고 인정하
기 어려움.

3) 무주택자가 소유하는 나지

주택을 소유하지 아니하는 1세대가 소유하는 1필지의 나지로서 어느 용도로도 사용되고 있지 아니하며, 주택의 신축이 금지 또는 제한되는 지역에 소재하지 아니하고, 그 지목이 대지이거나 실질적으로 주택을 신축할 수 있는 660㎡ 이내 토지는 비사업용토지에서 제외합니다.

무주택자 소유 나지 참고 판례

서면부동산2016-3963(2016. 8. 24.)

| 제목 | 무주택 1세대가 소유하는 1필지의 범위

| 요약 | 주택을 소유하지 아니한 1세대가 소유하는 1필지의 나지를 양도하는 경우로서 소유 나지가 2필지 이상인 경우 무주택 세대 소유 나지의 비사업용토지 제외신청서에 기재된 나지 중 토지의 소유자가 비사업용토지 제외 적용을 받기 위해 선택한 필지의 660제곱미터 이내의 부분은 주택을 소유하지 아니한 기간 동안은 사업에 사용되는 토지로 보는 것임.

4단계 부득이한 사유기간 동안 사업용 기간으로 보는 경우 확인

법령에 따라 사용이 금지 또는 제한되는 등 부득이한 사유기간 동안 사업용 기간으로 보는 경우에 대해서는 "PART 3"의 비사업용토지 부분을 참고하면 됩니다.

part 07

내 수용부동산이
주택 또는 건물인 경우

토지소유자의 수용부동산 지목에 따른 세액감면의 요건과 각 지목의 특성에 맞는 다양한 양도소득세 절세방법에 대해서 알아보고 있습니다. 이번에 살펴보게 될 사항은 주택건물과 주택부수토지 및 일반건물과 건물부수토지입니다.

주택의 경우는 다음 사항에 대해 살펴보겠습니다.
1. 주택건물과 주택부수토지의 양도 시 1세대1주택 비과세 요건, 특히 주택부수토지가 선(先)수용된 후 주택건물이 수용되면 둘 다 비과세 적용이 가능할까요?
2. 조정대상지역 내 주택이 수용되면, 다주택자는 중과세가 적용될까요?
3. 주택부수토지의 비사업용토지는 어떻게 판단될까요?

일반건물의 경우는 다음 사항에 대해 살펴보겠습니다.
1. 미등기상태인 건물이 수용되는 경우, 양도소득세 계산 시 미치는 영향은 어떻게 될까요?
2. 사업용건물 수용 시 필수 검토사항에는 어떤 것들이 있을까요?
3. 공부상 상가이지만 주택으로 사용하였던 건물은 1세대1주택 비과세를 적용받을 수 있을까요?
4. 건물부수토지의 비사업용토지는 어떻게 판단될까요?
5. 공익수용에 따른 공장 및 물류시설을 이전하게 되면 어떤 과세특례가 있을까요?

그러면 절세를 위해 주택과 일반건물의 수용 시 살필 사항들에 대해 알아보겠습니다.

1세대1주택 비과세 요건(1)

「소득세법」상 1세대1주택의 양도는 비과세 됩니다. 1세대1주택 비과세 취지는 1세대가 국내에 소유하는 1개의 주택을 양도하는 것이 양도소득을 얻거나 투기를 할 목적으로 일시적으로 거주하거나 소유하다가 양도하는 것이 아니라고 볼 수 있는 일정한 경우에는 그 양도소득에 대한 소득세를 부과하지 않음으로써 국민의 주거생활 안정과 거주이전의 자유를 보장하는 데에 있습니다.

비과세를 적용받기 위한 1세대에 대한 개념과 1주택에 대한 판단에 대해 하나씩 살펴보겠습니다.

1세대1주택 비과세 규정을 적용받고자 하는 경우에는, 다음의 요건을 모두 충족해야 합니다.

① 거주자인 1세대가 국내에 1주택(주택부수토지 포함)을 소유할 것
② 2년 이상 보유할 것
③ 2년 이상 거주할 것(2017. 8. 2. 이후 조정대상지역에서 취득하는 주택만 해당)

다만, 1세대가 양도일 현재 국내에 1주택을 보유하면서 그 주택 및 주택부수토지가 사업인정고시일 전에 취득하였고 「토지보상법」 또는 그 밖의 법률에 의해 수용되는 경우 보유 및 거주기간의 제한을 받지 아니합니다.

1 1세대란?

1) 1세대의 정의

양도일 현재를 기준으로 1세대란 거주자 및 그 배우자(2018. 12. 31. 「소득세법」 개정으로 법률상 이혼을 하였으나 생계를 같이하는 등 사실상 이혼한 것으로 보기 어려운 관계에 있는 사람을 포함)가 그들과 같은 주소 또는 거소에서 생계를 같이하는 자와 함께 구성하는 가족단위를 말합니다.

1세대를 구성함에 있어 가장 기본단위는 거주자 본인과 배우자이므로, 배우자가 없는 본인은 원칙적으로 단독세대를 구성할 수 없습니다. 또한, 부부가 세대를 분리하여 주민등록상의 세대주로 등재되어 있어도 부부는 합산하여 1세대로 판정합니다.

다만, 예외적으로 다음에 해당하는 경우에는 배우자가 없더라도 별도의 세대로 인정합니다.

　가. 거주자의 연령이 30세 이상인 경우

　나. 배우자가 사망하거나 이혼한 경우

다. 「국민기초생활 보장법」에 따른 기준 중위소득의 40% 수준 이상으로서 소유하고 있는 주택 또는 토지를 유지 또는 관리 하면서 독립된 생계를 유지할 수 있는 경우

2) "생계를 같이한다"는 어떤 의미인가요?

"생계를 같이하는 자"는 거주자 및 그 배우자의 직계존비속(그 배우자를 포함) 및 형제자매를 말하며, 취학, 질병의 요양, 근무상 또는 사업상의 형편으로 본래의 주소 또는 거소에서 일시 퇴거한 사람을 포함합니다.

"생계를 같이한다"는 의미는 단순히 주민등록등본상 주소지의 일치를 의미하는 것이 아니라, 동일한 주소 또는 거소에서 숙식을 같이하고 이에 기반한 경제활동도 함께 하는 것을 말합니다. 그러므로 동일 주소에 거주하는 가족이라 하더라도 공간을 구분하고 숙식 및 경제활동을 별도로 한다면 생계를 달리하는 것이므로 같은 세대로 볼 수 없습니다.

다만, 세대 구성원 중 일부 세대원이 실질적으로 생계를 달리 하더라도 단독세대 구성 요건에 해당되지 않는 경우에는 일시적 퇴거 사유로 보아 세대에 포함됩니다.

3) 외국유학 중인 자녀는 동일세대원인가요?

> 1. 동일세대원으로 인정한 판례-서울고법 2014누67309(2015. 5. 19.)
>
>   30세 미만의 미혼인 원고들은 거주자인 구AA의 직계비속으로서 원고들의 아르바이트 소득이 「국민기초생활 보장법」 규정에 따른 최저생계비 수준 이상으로서 소유하고 있는 주택 또는 토지를 관리·유지하면서 독립된 생계를 유지할 수 있는 경우에 해당하는 것으로 볼 수 없으므로 취학으로 인하여 본래의 주소 또는 거소를 일시퇴거한 자들로 보아 구AA와 함께 1세대를 구성하는 것으로 봄이 타당하다.
>
> 2. 독립세대원으로 인정한 판례-국심2002서3467(2003. 5. 19.)
>
>   청구인의 딸은 연령이 30세 이상으로 「소득세법」 제4조의 규정에 의한 종합소득(부동산소득, 근로소득)이 있었던 점 등을 종합해 보면 부모와는 생활을 달리하다가 유학을 가면서 청구인 주소지로 주민등록을 옮겨 놓은 것일 뿐 청구인과 생계를 같이 했던 것으로는 보이지 않아 세대원에 포함되지 않는 것으로 판단된다.

2 1주택이란?

1) 주택의 정의

주택이란 허가 여부나 공부상의 용도구분에 관계없이 사실상 주거용으로 사용하는 건물을 말하며, 이 경우 그 용도가 분명하지 아니하면 공부상의 용도에 따릅니다. 이러한 주택은 해당 건축물이 상시 주거용으로 사용할 수 있을 정도의 상태를 말하는 것으로서, 양도일 현재 실제 주거로 이용하고 있지 않더라도 언제든지 거주에 이용할 수 있는 상태에 준하면 주택으로 봅니다. 거주자가 직접 신축한 건물의 경우에는 건물이 완성되는 때 건물에 해당하므로, 미완성 주택의 경우에는 주택에 해당되지 않습니다.

2) 형태에 따른 주택 여부

① 무허가주택

건축허가를 받지 않거나 불법으로 건축된 주택이라 하더라도 주택으로 사용할 목적으로 건축된 건축물인 경우에는 건축에 관한 신고 여부, 건축완성에 대한 사용검사나 사용승인에 불구하고 주택에 해당되며, 1주택만 소유한 경우에는 1세대1주택 비과세 규정을 적용받을 수 있습니다.

② 멸실주택

주택이 멸실되어 현실적으로 주택이 존재하지 아니하면 나대지의 양도에 해당하므로 비과세 대상이 될 수 없습니다.

또한, 다음 중 어느 하나에 해당하는 경우에도 잔금일 현재 주택이 아니므로 비과세 적용이 불가능합니다.

가. 2022년 10월 21일 이후 주택을 매매계약하는 경우로서 매매계약일 현재 주택이라도 잔금청산일 사이에 주택 외 형태로 '용도변경'하는 경우
나. 2022년 12월 20일 이후 주택을 매매계약하는 경우로서 매매계약일 현재 주택이라도 잔금청산일 사이에 주택 외 형태로 '멸실' 또는 '철거'하는 경우

③ 폐가인 공가

건물을 주택으로 보기 위해서는 장기간 주거생활을 영위할 수 있는 구조로 된 건축물로서 실제 주거에 사용할 수 있는 주택의 기능을 갖추어야 하므로, 비록 공부상 주택으로 등재되어 있다 하더라도 실제로는 사람이 거주하기 어려운 무세대·무거주의 폐가임이 확인되는 경우에는 사실상의 주택으로 볼 수 없습니다.

④ 기타 주택이 아닌 경우

실제 용도가 별장, 콘도, 점집, 사업장 내 종업원 합숙소, 사무실, 음식점 및 펜션 등으로 사용하는 경우는 주택에 해당되지 않습니다.

3) 소유 방식에 따른 주택 여부

① 1주택의 집합적 의미

1주택이란 물리적인 형태를 의미하는 것이 아니라 1세대가 실제 주거용으로 사용하고 있는 주택건물의 집합체를 말합니다. 따라서 한 울타리 안에 본채와 별채 등 여러 채의 주택건물을 사실상 1세대가 사용하거나 연립주택 2호를 벽을 허물고 1세대가 주거하는 경우 또는 2필지 안에 2채의 주택이 있어도 1세대가 동일한 생활영역으로 사용한다면 1주택으로 볼 수 있습니다.

② 공유지분 소유주택

일반적으로 하나의 주택을 여러 사람이 지분으로 나누어 소유하게 되는 경우에는 각각 1개씩 주택을 소유하는 것으로 봅니다. 다만, 공유지분권자가 생계를 같이하는 동일세대원인 경우에는 세대원 전체의 지분을 합쳐 하나의 주택으로 봅니다.

다만, 하나의 주택을 상속으로 지분 취득하는 경우로서 상속인이 2인 이상인 경우에는 다음의 선순위에 따른 상속인 1인의 귀속으로 판단하여 상속지분이 적은 소수지분권자는 자신의 주택 수에 포함하지 않습니다.

가. 상속지분이 가장 큰 자

나. 상속주택에 거주하는 자

다. 최연장자

③ 주택과 부수토지의 소유자가 다른 경우

예를 들어 주택의 건축물은 아들의 소유이고 주택부수토지는 아버지의 소유인 경우 아들과 아버지가 동일한 세대이면서 주택양도 시 주택이 비과세 요건을 갖추었다면 주택과 부수토지 모두 비과세를 적용받을 수 있습니다. 하지만 동일세대가 아닌 경우에는 아들이 가지는 주택의 건축물은 비과세가 되더라도 아버지 소유의 부수토지는 비과세를 적용받을 수 없습니다.

1. 대법원 2018두62034(2019. 2. 28.)

| 제목 | 법률상 혼인관계가 해소되지 아니한 이상 1세대를 구성함.

| 요약 | 법률상 배우자가 있다면 그 부부관계가 실질적으로 파탄에 이르렀다고 하더라도, 엄격해석의 원칙상 배우자가 없는 경우를 전제로 하는 적용이 없다고 할 것이므로 부부 일방만으로 여기서 말하는 1세대를 구성한다고 볼 수 없고 신의성실원칙 및 실질과세원칙에 위반하였다고 볼 수 없음.

2. 대법원 2008두4459(2008. 5. 29.)

| 제목 | 1세대1주택 관련 건물을 별장으로 볼 것인지 주택으로 볼 것인지에 대한 판단

| 요약 | 본인 소유 아파트를 양도 시 1세대1주택인지를 판단하면서 보유하던 건물이 주택으로 볼 수도 있고 별장으로 볼 수도 있는 상황이라면 상시주거용인지 여부를 중심으로 판단해야 함.

1세대1주택 비과세 요건(2)

1 2년 보유 요건

1) 2년 보유의 의미

1세대1주택 비과세는 2년 이상 보유할 것을 요건으로 합니다. 주택의 보유기간 계산은 취득일부터 양도일까지로 하며, 가등기한 기간은 보유기간으로 보지 않습니다.

2) 공익수용 시 보유기간 예외

주택 및 그 부수토지의 전부 또는 일부가 「토지보상법」에 의한 협의매수·수용 및 그 밖의 법률에 의하여 수용되는 경우에는 보유 및 거주기간에 제한을 받지 않으며, 그 양도일 또는 수용일부터 5년 이내에 양도하는 그 잔존주택 및 그 부수토지를 포함합니다.

수용의 경우 예산편성 및 사업의 진행상황에 따라 주택의 부수토지와 지장물인 주택건물의 보상시기가 달라지기 때문입니다.

따라서 1세대1주택자인 경우 해당 부수토지가 선(先)수용되었을 때 양도소득세 비과세가 먼저 적용되고, 그 수용일로부터 5년 이내에 수용되는 잔존주택도 양도소득세 비과세가 적용됩니다.

3) 상속 · 증여 · 이혼으로 취득한 주택의 보유기간 계산

취득 구분		보유 및 거주기간 계산
상속	같은 세대원 간 상속인 경우	같은 세대원으로서 피상속인의 보유 및 거주기간과 상속인의 보유 및 거주기간 통산
	같은 세대원 간 상속이 아닌 경우	상속이 개시된 날부터 양도한 날까지 계산
증여	같은 세대원 간 증여인 경우	같은 세대원으로서 증여자의 보유 및 거주기간과 증여 후 수증인의 보유 및 거주기간 통산
	같은 세대원 간 증여가 아닌 경우	증여받은 날부터 양도한 날까지 계산
이혼	재산분할로 취득	재산분할 전 배우자가 해당 주택을 취득한 날부터 양도한 날까지 보유 및 거주기간 통산
	위자료로 취득	소유권이전 등기접수일부터 양도한 날까지 계산

2 ▶ 2년 거주 요건

1) 2년 거주의 의미

조정대상지역 내 주택을 2017. 8. 3. 이후 취득하는 경우는 1세대1주택 비과세를 받기 위해서 2년 거주 요건이 추가되었습니다. 이는 2017. 9. 19. 이후 양도하는 분부터 적용합니다.

2) 조정대상지역 지정 현황(2023. 1. 5. 현재)

	조정대상지역(4개구)
서울	서초구 · 강남구 · 송파구 · 용산구(2023. 1. 5.)

3) 2년 거주 요건이 필요하지 않은 경우

① 조정대상지역 지정 이전에 취득한 주택

② 조정대상지역 지정 이전에 매매계약을 체결하고 계약금을 지급한 사실이 증빙서류에 의하여 확인되는 주택(해당 주택의 거주자가 속한 1세대가 계약금 지급일 현재 주택을 보유하지 아니하는 경우로 한정한다)

3 비과세 되는 주택부수토지

1) 비과세 주택부수토지 면적

주택의 부수토지 면적은 주택의 정착면적에 다음과 같이 지역별 배율을 곱하여 계산합니다.

① 도시지역 내의 토지

① 수도권 내의 토지 중 주거지역 · 상업지역 · 공업지역 내의 토지: 3배
② 수도권 내의 토지 중 녹지지역 내의 토지: 5배
③ 수도권 밖의 토지: 5배

② 그 밖의 토지: 10배

2) 주택의 정착면적이라 함은 바닥면적을 의미하는 건가요?

주택의 정착면적은 건물의 수평투영면적을 기준으로 하되, 지상 및 지하의 건물에 불구하고 전층의 투영면적으로 합니다. 따라서 주택이 단층인 경우는 물론이고 복층인 경우에는 각 층의 평면도를 펼쳤을 경우 나타나는 도면 전체의 면적을 의미합니다. 다만, 건물 구조물로서 설치되는 옹벽, 정화조, 오수관 등의 면적은 수평투영면적으로 인정될 수 없다는 심판원 사례가 있습니다.

3) 주택 울타리 밖의 공용도로가 주택부수토지에 해당하나요?

주택의 부수토지와 연접한 다른 필지의 토지로서 주택과 한울타리 내에 있고 실제 거주용으로 사용되는 토지를 주택과 함께 양도하는 경우에는 당해 주택의 부수토지로 볼 수 있으나, 울타리 밖에 공용도로로 사용되는 다른 필지의 토지는 주택에 부수되는 토지로 볼 수 없습니다.

4) 한 필지의 토지를 일부만 사용하는 경우에도 필지별로 주택 부수토지를 구분하나요?

주택의 부수토지인지 구분하는 방법은 실무상 주택을 둘러싼 담장이나 조경물 등을 기준으로 경계가 구분가능하고, 일반적으로 주거용으로 실제 이용되거나 될 것이 인정되는 토지를 기준으로 합니다. 따라서 필지별로 구분하지 않고 한 필지 내의 토지라 하더라도 실제 이용면적이 별도로 구분가능하다면 해당 면적만 주택부수토지로 보아야 할 것입니다.

4 고가주택

1) 고가주택의 의미

고가주택이란 주택 및 이에 딸린 토지의 양도일 현재 실지거래가액인 수용가액이 2021. 12. 8. 이후 양도분부터 12억 원을 초과하는 주택을 의미합니다. 이러한 고가주택은 1세대가 하나의 주택을 보유하더라도 세금을 부담할 수 있는 경제수준인 담세력을 고려하여 1세대1주택 비과세 규정을 적용하지 않습니다.

다만, 비과세 규정을 전면적으로 배제하는 것이 아니라 고가주택의 양도차익 중 12억 원까지는 비과세 규정을 적용하고, 12억 원을 초과하는 부분은 다음 산식에 따라 과세합니다.

1. 1세대1주택 고가주택 양도차익 계산

$$\text{전체 양도차익} \times \frac{\text{양도가액} - 12\text{억 원}}{\text{양도가액}}$$

2. 1세대1주택 고가주택 장기보유특별공제 계산

$$\text{전체 장기보유특별공제액} \times \frac{\text{양도가액} - 12\text{억 원}}{\text{양도가액}}$$

1세대1주택 장기보유특별공제			
보유기간	공제율	거주기간	공제율
3년 이상 ~4년 미만	12%	2년 이상~3년 미만 (보유기간 3년 이상에 한정)	8%
		3~4년	12%
4~5년	16%	4~5년	16%
5~6년	20%	5~6년	20%
6~7년	24%	6~7년	24%
7~8년	28%	7~8년	28%
8~9년	32%	8~9년	32%
9~10년	36%	9~10년	36%
10년 이상	40%	10년 이상	40%

2) 수용되는 경우 고가주택 판정

주택과 그에 딸린 토지가 시차를 두고 협의매수·수용된 경우 전체를 하나의 거래로 보아 고가주택 양도차익을 계산하는 것이며, 주택 및 그에 딸린 토지가 일부 수용되는 경우에도 양도 당시의 실지거래가액 합계액에 양도하는 부분의 면적이 전체 주택면적에서 차지하는 비율로 나누어 계산한 금액이 12억 원을 초과하는 경우 고가주택으로 보게 됩니다.

3) 고가주택의 수용 시 주택과 부수토지의 보상시기가 다른 경우

고가주택의 주택부분과 부수토지의 보상시기가 상이한 경우에도 고가주택에 대한 공제는 양도시기를 기준으로 공제하는 것이며, 당해 고가주택 및 그 부수토지에 대한 수용보상금이 시차를 두고 지급되고 그 대금을 청산하기 전에 당해 부수토지에 대한 소유권이전등기를 하는 경우 등기부에 기재된 등기접수일을 그 부수토지의 양도시기로 보게 됩니다.

양도차익 계산 시 건물의 양도가액이 확정되지 않았다면 당해 주택의 예상보상금액으로 하는 것이며, 당해 주택에 대한 수용보상금 잔액 수령 시 보상금액이 증감이 되는 경우에는 수정신고를 하여야 합니다.

1. 조심2010서1779(2010. 11. 9.)

| 제목 | 주택의 양도 또는 수용이 없이 토지만 수용되는 경우 비과세대상이 아님.

| 요약 | 주택을 제외한 주택에 부수되는 토지를 분할하여 양도하는 경우(지분으로 양도하는 경우를 포함)와 주택의 양도 또는 수용이 없이 토지만 수용되는 경우에는 그 양도하는 부분의 토지는 1세대1주택에 부수되는 토지로 보지 아니함. 전체 부수토지 면적에서 차지하는 비율을 곱하여 계산한다.

2. 심사양도2010-113(2010. 6. 1.)

| 제목 | 주택과 그 부수토지 중 일부가 수용될 때 1세대1주택으로 비과세되는 주택부수토지를 수용된 토지 면적으로 보아야 하는지 여부

| 요약 | 주택과 그 부수토지 중 일부가 수용될 때 1세대1주택으로 비과세되는 주택부수토지 면적은 수용된 주택의 면적에 상관없이 주택정착면적의 5배(10배)에 수용된 부수토지 면적이 전체 부수토지 면적에서 차지하는 비율을 곱하여 계산한다.

3. 수원지법 2010구합12768(2010. 11. 18.)

| 제목 | 이주자택지 분양권의 취득가액

| 요약 | 이주자택지 분양권을 최초로 부여받은 자는 이주대책 대상자 확인결정 시에 그 권리를 취득하는 것이고, 이러한 권리는 당해 공공사업에 제공된 주택 등에 대한 양도대가와는 별도로 생활보상의 일환으로 부여된 것이어서 그에 대한 취득가액이 지급되었다고 볼 수 없음.

사업용건물 수용 시 검토사항

본인의 수용부동산으로 임대업, 창고업 등 사업을 운영하고 있다면, 다음의 5가지를 고려하여야 합니다.

① 건물의 감가상각비

② 자본적지출액

③ 건물의 환산가액 가산세

④ 건물의 부가가치세

⑤ 보상금 등의 총수입금액 계산

1 건물의 감가상각비

유형자산은 재화의 생산, 용역의 제공, 타인에의 임대 등에 사용할 목적으로 보유하는 물리적 형체가 있는 자산으로서 1년을 초과하여 사용할 것이 예상되는 자산을 말하며, 사업장 건물이 대표적입니다.

유형자산은 시일의 경과에 따라 그 자본가치가 점점 소모되는 감가상각의 과정을 통해 그에 해당하는 소모부분만큼 매년의 비용으로 처리할 수 있습니다.

소득세의 과세방법에 있어서 소득의 종류별, 발생 원천별로 구분하여 과세표준과 세액을 계산하는 방법을 분류과세라 합니다. 현행 「소득세법」은 종합과세를 원칙으로 하여 이자소득, 배당소득, 사업소득, 근로소득, 연금소득, 기타소득을 종합소득으로 종합하여 과세하고, 퇴직소득 및 양도소득은 소득별로 분류과세하고 있습니다. 이처럼 양도소득세와 종합소득세는 구분하여 과세되므로 매년 사업체의 종합소득세 신고서에 감가상각비를 경비 인정하였다면, 이를 양도소득세 신고서에서 재차 경비인정할 수는 없습니다. 그렇게 된다면 감가상각비는 이중으로 경비인정되는 결과를 초래하고, 이는 조세형평에 부합하지 않습니다.

예를 들어 건물을 10억 원에 취득하여 10년 동안 사업을 영위하면서 매년 2천만 원씩 감가상각비로 비용을 인정받은 건물을 수용하는 경우라면, 수용 당시 건물의 취득가액은 10억 원이 아니라 지난 10년간의 감가상각누계액 2억 원을 차감한 8억 원으로 계산되어야 합니다.

이처럼 수용예정건물을 사업용으로 활용했던 토지소유자는 반드시 양도 전 사업장의 재무상태표와 손익계산서 등 회계장부를 통해 사업영위 기간 동안 발생한 감가상각누계액을 반영하여야 합니다.

2 ▷ 자본적지출액

자본적지출액은 소유하는 감가상각자산의 내용연수를 연장시키거나 당해 자산의 가치를 현실적으로 증가시키기 위하여 지출한 수선비를 말합니다.

개조, 엘리베이터 또는 냉난방장치의 설치, 빌딩 등의 피난시설 등의 설치, 기타 개량·확장·증설 등의 자본적지출액을 건물에 지출한 경우 해당 경비는 양도소득세 계산 시 필요경비로 인정이 가능합니다.

하지만 자본적지출액은 그 지출비용의 적격증빙과 그와 대응되는 자본적지출의 객관적이고 구체적인 형태를 입증하여야 합니다. 가공경비를 통한 경비인정은 조사과정에서 밝혀지게 되어 있습니다.

또한, 자본적지출을 유형자산으로 계상하여 감가상각의 과정을 통해 그에 해당하는 소모부분만큼 매년 종합소득세 신고서에 비용으로 인정받았다면, 앞서 살펴본 바와 같이 취득가액 산정 시 감가상각누계액을 반영하여야 합니다.

3 ▷ 건물 환산가액 적용에 따른 가산세

세금을 적게 납부할 목적으로 실지거래가액이 아닌 환산가액을 적용하여 양도소득세를 신고하는 경우가 있습니다.

이를 방지하기 위해 2018. 1. 1. 이후 양도하는 분부터 수용부동산의 소유자가 건물을 신축·증축(증축의 경우 바닥면적 합계가 85

㎡를 초과하는 경우에 한정)하고, 그 신축·증축한 건물의 취득일부터 5년 이내에 해당 건물을 양도하는 경우 감정가액 또는 환산가액을 그 취득가액으로 신고하면 감정가액 또는 환산가액의 5%를 가산세로 납부하여야 합니다.

양도소득세 산출세액이 없는 경우에도 환산가액 적용에 따른 가산세는 적용합니다.

4 건물의 부가가치세

주택 이외의 건물을 사업용으로 쓰고 있다면 일반적인 양도의 경우 건물분 양도가액의 10%가 부가가치세로 과세됩니다. 하지만 공익수용에서 수용 후 철거될 재화의 대가를 받는 경우 재화의 소유자가 철거하지 않아도 건물분 양도가액에 대해서 부가가치세는 비과세됩니다.

다만, 시행자가 수용절차 이전에 협의 취득한 재화를 철거한 경우까지 비과세를 확대 적용할 수는 없으므로 이는 재화의 공급에 해당되는 과세대상이 됩니다.

5 보상금 등의 총수입금액 계산 등

① 사업자가 공공사업시행과 관련하여 국가 또는 사업시행자로부터 사업장의 수용에 따른 손실 등에 대한 대가로 지급받는 영업손실보상금, 사업장 이전비 및 기타 보상금은 사업소득의

총수입금액에 산입하는 것이나, 사업장시설 이전보상금 중 이전이 불가능한 시설에 대한 대체취득보상금은 고정자산의 양도차손익으로 보아 총수입금액에 산입하지 않습니다.

② 사업자가 「토지보상법」에 따라 사업장을 이전함으로써 지급받는 이전보상금과 영업손실보상금은 「소득세법」에 따라 사업장을 이전한 과세연도의 총수입금액에 산입하는 것이며, 사업장을 이전하기 전에 폐업하는 경우에는 폐업일이 속하는 과세연도의 총수입금액에 산입합니다.

③ 사업자가 사업과 관련된 소유재화의 파손 등 피해로 인하여 가해자로부터 피해보상금을 지급받는 경우, 해당 파손재화의 시가상당액과 피해보상금은 해당 과세기간의 총수입금액에 산입하는 것이며, 파손재화 등에 대한 매입원가상당액은 필요경비에 산입합니다.

1. 수원지법 2011구합11069(2012. 2. 3.)

| 제목 | 임대사업 소득금액 산정 시 감가상각비로 계상한 부분은 양도소득 필요경비에 산입할 수 없음.

| 요약 | 신고납세방식을 원칙으로 하는 소득세에 있어 납세자가 감가상각비를 부동산 임대사업 소득금액 산정 시 필요경비로 계상한 이상 임대사업에서 계속적인 이월결손금이 발생하였다 하더라도 양도소득 필요경비에 산입할 수 없음.

2. 기준법령재산-119(2018. 5. 29.)

| 제목 | 고가주택의 환산가액 적용에 따른 가산세 적용방법

| 요약 | 고가주택의 양도소득 계산 시 그 취득가액을 환산가액으로 하는 경우 전체 양도가액에 대한 환산취득가액에 가산세를 적용함.

주택 및 건물의 비사업용토지 판단

공익수용의 경우 사업인정고시일로부터 2년(2021. 5. 4. 이후 사업인정고시되는 사업은 5년) 이전에 취득한 토지에 대해서는 비사업용토지에서 제외한다는 규정을 앞서 배웠습니다.

그렇다면 사업인정고시일로부터 2년(5년) 내 취득한 경우라면 어떻게 될까요? 토지소유자의 주택부수토지 취득일이 사업인정고시일로부터 2년(5년) 내라면 사업용토지 요건 충족 여부를 단계별로 적용하여 중과세율 배제가 가능한지 법적 판단을 하여야 합니다.

1 주택부수토지의 비사업용토지 판단

1단계 사실상 주택부수토지인지 확인

우선 확인할 사항은 수용부동산이 실제 주택부수토지인지 여부입니다. 한 필지의 토지에 주택이 정착되어 있더라도 사실상 주택의 부수토지로 사용되지 아니한 토지는 주택의 부수토지에 해당되지 않습니다.

2단계 무조건 사업용 주택부수토지인지 확인

공해 등으로 소유자의 요구로 취득한 공장용지의 인접토지

3단계 사업용토지 기간기준

보유기간 중 60% 이상을 직접 사업에 사용한 경우

4단계 부득이한 사유기간 동안 사업용 기간으로 보는 경우 확인

법령에 따라 사용이 금지 또는 제한되는 등 부득이한 사유기간 동안 사업용 기간으로 보는 경우에 대해서는 "PART 3"의 비사업용 토지 부분을 참고하면 됩니다.

5단계 주택의 정착면적에 지역별 적용배율 적용

주택부수토지로 사용하였더라도 주택정착면적에 다음의 지역별 적용배율을 초과하는 토지면적은 비사업용토지로 적용됩니다.

주택 소유자와 주택부수토지 소유자가 동일하지 않더라도 사업용에 직접 사용되는 것으로 보기 때문에 타인소유 주택의 부수토지도 비사업용토지에서 제외됩니다.

1) 주택정착면적

주택정착면적은 건물(무허가 건물 포함) 전층의 수평투영면적을 기준으로 합니다. 수평투영면적이란, 각층의 평면도를 합쳤을 경우 나타나는 도면의 전체 면적을 의미합니다.

2) 지역별 적용 배율

① 도시지역 내의 토지

- 수도권 내의 토지 중 주거지역·상업지역·공업지역 내의 토지: 3배
- 수도권 내의 토지 중 녹지지역 내의 토지: 5배
- 수도권 밖의 토지: 5배

② 그 밖의 토지: 10배

6단계 추가 판단사항

1) 주택과 주택 이외의 건물면적 안분방식

① 하나의 건축물이 복합용도로 사용되는 경우

$$특정용도분의\ 부수토지면적\ 등 = 건축물의\ 부수토지면적\ 등 \times 특정용도분의\ 연면적\ /\ 건축물의\ 연면적$$

② 동일경계 안에 용도가 다른 다수의 건축물이 있는 경우

$$특정용도분의\ 부수토지면적 = 다수의\ 건축물의\ 전체\ 부수토지면적 \times 특정용도분의\ 바닥면적\ /\ 다수의\ 건축물의\ 전체\ 바닥면적$$

2) 신축·증축·용도변경

① 신축

가. 무주택자는 660㎡ 이하의 나대지 보유 시 보유기간에 대해서 사업용으로 인정하므로 착공을 하여 건설진행 중인 기간 및

주택이 완공되어 주택부수토지로 사용한 기간을 합친 보유기 간 전체를 사업용에 사용한 기간으로 보게 됩니다.

단, 기준면적을 초과한 부분에 대해서는 비사업용토지가 됩니다.

나. 지상에 건축물이 정착되어 있지 아니한 토지를 취득하여 사 업용으로 사용하기 위하여 건설에 착공한 경우에는 취득일부 터 2년간 건설에 착공하여 건설진행 중인 기간을 가산한 기 간을 사업용 사용기간으로 보게 됩니다.

② 증축

기존주택으로도 기준면적을 충족하게 되면 증축과 무관하게 계속 사용기간기준을 충족하게 됩니다. 다만, 기존주택만으로 기준면적 을 초과한 토지면적이 있는 경우에는 증축된 면적의 사용기간기준 을 별도로 충족하여 비사업용토지 기준에서 제외될 수 있습니다.

③ 용도변경

주택을 주택 이외의 용도로 변경하거나 주택 이외의 용도를 주택 으로 변경하는 경우 당해 용도로 사용하던 기간의 면적기준에 차이 가 생깁니다.

이때에는 양도일의 사용용도만으로 사용기간기준을 판단하면 안 되고, 각 사용용도별로 기간기준의 충족 여부를 판단하여 용도별 기준면적을 초과한 면적을 산정하여 가장 많은 면적을 초과면적으 로 보아야 합니다.

2 주택 이외 건축물 부수토지의 비사업용토지 판단

주택 이외 건축물의 〈1단계〉~〈4단계〉는 주택부수토지의 〈1단계〉~
〈4단계〉 판정과 동일하게 적용합니다.

〈5단계〉는 건물의 정착면적에 지역별 적용배율을 적용합니다.

건축물의 바닥면적을 기준으로 다음의 용도지역별 적용배율을 반
영한 부수토지의 범위 내의 토지는 사업용토지로 인정합니다.

용도지역		적용배율
도시지역	준주거지역, 상업지역	3배
	일반주거지역, 공업지역	4배
	미계획지역	4배
	전용주거지역	5배
	녹지지역	7배
도시지역 외의 용도지역		7배

1) 일반 건축물

일반 건축물은 주거용 건축물, 공장 건축물, 골프장, 고급오락장
용 건축물, 무허가 건축물, 시가표준액의 2% 미달 건축물을 제외한
건축물을 말합니다.

부수토지는 건축물과 시설물 및 지상정착물의 연면적에 당해 지
역의 용도지역별 적용배율을 적용하여 산정합니다.

2) 공장 건축물

공장 건축물의 부수토지는 건축물의 소재지역에 따라 분리과세대상 토지와 별도합산대상 토지로 나누어 비사업용토지 면적을 산정합니다.

① 분리과세대상

분리과세대상 지역은 읍·면 지역, 「산업입지 및 개발에 관한 법률」에 의하여 지정된 산업단지, 「국토의 계획 및 이용에 관한 법률」에 의하여 지정된 공업지역입니다.

분리과세대상 지역 내 사업용토지 기준면적은 건축물의 연면적을 기준으로 다음의 공장입지기준면적을 반영한 범위로 산정합니다.

> 공장입지기준면적
> = 공장건축물 연면적 / 업종별 기준공장면적률
> × 100 + 추가인정기준에 의한 면적

② 별도합산대상

별도합산대상 지역은 특별시 지역·광역시 지역(군 지역 제외)·시 지역 안(분리과세대상지역 제외)입니다.

별도합산대상 지역 내 사업용토지 기준면적은 공장 건축물의 바닥면적에 당해 지역의 용도지역별 적용배율을 적용하여 산정합니다.

1. 서울고법 2009누18501(2009. 11. 24.)

| 제목 | 주택의 주차장으로 사용하는 토지의 비사업용토지 해당 여부

| 요약 | 주택의 주차장으로 사용하는 토지라 하더라도, 주택부지와 별개의 필지로 분할되어 나대지 상태로 있어 왔고, 주택과 별개로 양도되었으며, 주택부지와는 담장으로 구분되어 있고 별도의 출입문이 설치된 사실 등으로 보아 주택의 효용과 편익을 위해 사용되는 토지로 보기 어려운 것이므로 비사업용토지에 해당함.

2. 서면5팀-629(2008. 3. 24.)

| 제목 | 타인 건물이 존재하는 주택의 부수토지를 양도하는 경우 비사업용토지 여부

| 요약 | 「지방세법」 제182조 제2항 규정에 의한 주택부속토지 중 주택이 정착한 면적에 지역별 적용배율을 곱하여 산정한 면적을 초과하는 토지는 비사업용토지에 해당하는 것임.

공부상 상가이지만 1세대1주택 비과세가 가능할까요?

1 세법은 실질에 따라 판단

주택이란 허가 여부나 공부상의 용도구분에 관계없이 사실상 주거용으로 사용하는 건물을 말하며, 그 용도가 분명하지 아니하면 공부상의 용도에 따르게 됩니다.

이처럼 주택은 건축물 대장에 따른 형식적인 용도에도 불구하고 주택으로 볼 수 있는 건축물로서 해당 건축물의 소유권을 가지는 거주자와 세대구성원이 장기간 독립적인 주거생활을 영위할 수 있는 건축물을 말합니다.

하지만 공부상 주거용이 아닌 건축물을 주거용으로 사용해 온 사실을 입증하기 위해서는 뒷받침되는 근거자료가 필요합니다.

실제 판례를 통해 1세대1주택 비과세의 적용 가능성을 살펴보겠습니다.

2 ▸ 주택으로 인정한 판례

1. 대법원 2013두24945(2014. 3. 27.)

| 제목 | 건물의 구조·기능이나 시설 등이 본래 주거용으로서 언제든지 본인이나 제3자가 주택으로 사용할 수 있는 건물의 경우에는 이를 주택으로 봄.

| 요약 | 건물이 주택에 해당하는지 여부는 건물공부상의 용도구분에 관계없이 실제 용도가 사실상 주거에 공하는 건물인가에 의하여 판단하여야 하고, 건물의 구조·기능이나 시설 등이 본래 주거용으로서 주거용에 적합한 상태에 있고 주거기능이 그대로 유지·관리되고 있어 언제든지 본인이나 제3자가 주택으로 사용할 수 있는 건물의 경우에는 이를 주택으로 보아야 할 것임.

2. 서울행법 2014구단53370(2015. 8. 13.)

| 제목 | 양도 전에 당초 주택에서 근린생활시설로 용도 변경한 건물에 대한 주택 수 계산

| 요약 | 주택을 양도한 자가 다른 건물을 소유하고 있는 경우, 그 다른 건물이 「소득세법」에 정한 주택에 해당하는지 여부는 건물공부상의 용도구분에 관계없이 실제 용도가 사실상 주거에 공하는 건물인가에 의하여 판단하여야 하므로 이 사건 부동산 4층의 구조는 이 사건 주택 양도 시 전형적인 주택의 구조를 갖추고 있는 것으로 확인되었으므로 주택 수에 포함되어야 함.

3. 서면부동산2016-3431(2016. 6. 2.)

| 제목 | 가정어린이집으로 사용하고 있는 아파트를 주택으로 볼 것인지

| 요약 | 건물이 일시적으로 주거가 아닌 다른 용도로 사용되고 있다고 하더라도 그 구조·기능이나 시설 등이 본래 주거용으로서 주거용에 적합한 상태에 있고 주거기능이 그대로 유지·관리되고 있어 언제든지 본인이나 제3자가 주택으로 사용할 수 있는 건물의 경우에는 이를 주택으로 보는 것임.

3 건물로 인정한 판례

1. 대법원 2008두1245(2008. 3. 14.)

| 제목 | 양도부동산을 전부 주거용으로 볼 수 있는지 여부

| 요약 | 양도부동산 중 매입 당시 카페로 사용하던 건물부분을 양도인의 모(母)가 사용함에 있어 상시 주거용으로 사용되고 있었다고 인 정하기 부족하고, 오히려 화실 용도로 이용되었음이 상당하므로 쟁점 건물부분을 주택에 해당되지 아니한다고 보아 과세한 처분 은 정당함.

2. 서울고법 2016누40742(2016. 10. 12.)

| 제목 | 부속사가 주택으로 사용되었다고 볼 수 없고 상가와 함께 사용되 었으므로 1세대1주택에 해당하지 않음.

| 요약 | 공부상 부속사가 주택으로 표시되어 있다 하더라도 그 건물이 주 거용인지 영업용인지 여부는 전체적으로 판단하여야 하고, 영업 용 건물에 딸린 방을 주거용으로 사용하였다 하더라도 영업장으 로 함께 사용하는 경우 영업용 건물로 봄이 타당함.

3. 서울행법 2006구단8931(2007. 6. 15.)

| 제목 | 거주하였음을 주장하는 근린생활시설의 주택(1세대1주택) 인정 여부

| 요약 | 건물부분의 구조와 면적, 사용관계, 주민등록 관계, 보상내역 등 에 비추어 볼 때, 이 사건 건물부분은 상시 주거용으로 사용되었 다기보다 최소한의 숙식을 해결할 수 있는 영업용 건물에 부수된 부분으로 봄이 상당함.

4 주택 외의 건물을 주택 비과세 받기 위한 준비사항

공부상 내용과는 달리 건물을 상시 주거용으로 사용하였음을 입증할 책임은 이를 주장하는 납세자에게 있는 것으로서 입증서류가 특정되어 있는 것은 아니지만 건물 내부를 촬영한 사진, 주거용으로 전환하면서 지출한 리모델링 견적서 및 공사내역, 거주자의 주민등록등 초본, 재산세 과세내역, 주거용으로 부과된 전기세내역, 가스설치 대금영수증, 해당 건물 임차인들의 거주사실 확인서, 거주지로 송달된 각종 우편물 내역서, 통·반장 확인서, 거주자우선주차장 사용영수증 등의 서류를 뒷받침 자료로 하여 거주자의 주거지역, 주거형태에 따라 실제로 거주하였다는 구체적이고 합리적인 증빙을 제출하는 것이 좋습니다.

본인이 아닌 세입자의 거주 여부 역시 세입자의 출퇴근 이동시간, 계절적 사유에 따른 냉난방비 사용량, 임대차계약서와 실제 거주기간으로 판단되는 기간의 일치성, 서로 다른 층에 거주하는 세입자들의 진술 등이 주거용으로 이용한 것이라는 뒷받침 자료가 될 수 있습니다.

간혹 주거용 입증을 위해 '주민등록만 이전해놓으면 된다'는 위험한 생각을 할 수 있습니다. 주민등록상 거주지는 형식적인 거주의 정보를 나타내는 행정정보에 불과하고, 주민등록표상과 실질내용이 다르다면 실질내용에 따르게 되므로 주거용으로 사용하였음을 위의 제반 서류로 입증하여야 합니다.

수용에 따른 공장 및 물류시설 이전 시 과세특례

1 공익사업수용 등에 따른 공장 이전 시 과세특례

「토지보상법」에 따른 공익사업의 시행으로 불가피하게 공장을 이전하는 거주자 및 내국법인에게 사업상 애로가 없도록 양도소득세를 5년 거치 5년 균등 익금산입 또는 분할 납부할 수 있는 제도를 2026. 12. 31.까지 양도한 경우에 한하여 특례적용이 가능합니다.

1) 요건

가. 내국법인 또는 거주자일 것

나. 사업인정고시일(사업인정고시일 전에 양도하는 경우에는 양도일)부터 소급하여 2년 이상 가동한 공장일 것(공장을 사업인정고시일부터 소급하여 2년 미만 가동한 경우 양도일 현재 1년 이상 가동한 공장의 토지로서 사업인정고시일부터 소급하여 5년 이상 보유한 토지를 포함)

다. 공익사업 시행지역 밖의 지역으로 공장을 이전하는 경우로서, 다음에 해당하지 않을 것
- 수도권과밀억제권역
- 부산광역시(기장군 제외)·대구광역시(달성군 및 군위군 제외)·광주광역시·대전광역시 및 울산광역시의 관할 구역. 다만, 법률에 따른 산업단지는 제외
- 행정중심복합도시 등

라. 다음의 방식으로 공장 이전할 것(기존공장 또는 지방공장의 대지가 공장입지 기준면적을 초과하는 경우 그 초과하는 부분에 대해서는 특례를 적용받을 수 없다)
- 지방공장을 취득하여 사업을 개시한 날부터 2년 이내에 기존공장을 양도하는 경우
- 기존공장을 양도한 날부터 3년(공사의 허가 또는 인가의 지연 등 부득이한 사유가 있으면 6년) 이내에 지방공장을 취득하여 사업을 개시하는 경우

2) 과세특례 대상 소득

「토지보상법」에 따른 공익사업의 시행으로 해당 공익사업 지역에서 과세특례 대상 지역으로 이전하기 위하여 그 공장의 대지와 건물을 그 공익사업의 사업시행자에게 양도함으로써 발생하는 양도차익에 상당하는 금액(공장의 대지 일부만 양도하는 경우를 포함)을 말합니다.

3) 5년 거치 5년 균등 익금산입 또는 분할 납부할 양도소득세

가. 내국법인

(기존공장 양도가액 - 장부가액 - 이월결손금 합계액) × 지방신규공장 취득가액 / 기존공장 양도가액(1을 한도로 함)

나. 거주자

양도차익 × 지방신규공장 취득가액 / 기존공장 양도가액
(1을 한도로 함)

4) 사후관리

내국인이 공장을 이전하지 아니하거나 그 공장의 양도일부터 3년 이내에 해당 사업을 폐업하거나 해산한 경우에는 그 사유가 발생한 날이 속하는 사업연도의 소득금액을 계산할 때 이자상당액을 포함하여 익금에 산입하거나 분할 납부할 세액을 양도소득세로 납부하여야 합니다.

2 공익사업수용 등에 따른 물류시설 이전 시 과세특례

「토지보상법」에 따른 공익사업의 시행으로 불가피하게 물류시설을 이전하는 거주자 및 내국법인에게 사업상 애로가 없도록 양도소득세를 3년 거치 3년 균등 익금산입 또는 분할 납부할 수 있는 제도를 2026. 12. 31.까지 양도한 경우에 한하여 특례적용이 가능합니다.

1) 요건

가. 내국법인 또는 거주자일 것

나. 사업인정고시일(사업인정고시일 전에 양도하는 경우에는 양도일)부터 소급하여 5년 이상 가동한 물류시설일 것

다. 공익사업 시행지역 밖의 지역으로 물류시설을 이전하는 경우로서, 다음에 해당하지 않을 것

- 수도권과밀억제권역
- 부산광역시(기장군 제외)·대구광역시(달성군 및 군위군 제외)·광주광역시·대전광역시 및 울산광역시의 관할 구역. 다만, 산업단지는 제외
- 행정중심복합도시 등

라. 다음의 방식으로 물류시설 이전할 것

- 지방물류시설을 취득하여 사업을 개시한 날부터 2년 이내에 기존 물류시설을 양도하는 경우
- 기존물류시설을 양도한 날부터 3년(공사의 허가 또는 인가의 지연 등 부득이한 사유가 있으면 6년) 이내에 지방물류시설을 취득하여 사업을 개시하는 경우

2) 과세특례 대상 소득

「토지보상법」에 따른 공익사업의 시행으로 해당 공익사업 지역에서 그 과세특례 대상 지역으로 이전하기 위하여 그 물류시설의 대지와 건물을 그 공익사업의 사업시행자에게 양도함으로써 발생하는 양도차익에 상당하는 금액을 말합니다.

3) 3년 거치 3년 균등 익금산입 또는 분할 납부할 양도소득세

가. 내국법인

(기존물류시설 양도가액 - 장부가액 - 이월결손금 합계액) × 지방 신규물류시설 취득가액 / 기존물류시설 양도가액(1을 한도로 함)

나. 거주자

양도차익 × 지방신규물류시설 취득가액 / 기존물류시설 양도가액 (1을 한도로 함)

4) 사후관리

내국인이 물류시설을 이전하지 아니하거나 그 물류시설의 양도일 부터 3년 이내에 해당 사업을 폐업하거나 해산한 경우에는 그 사유 가 발생한 날이 속하는 사업연도의 소득금액을 계산할 때 이자상당 액을 포함하여 익금에 산입하거나 분할납부할 세액을 양도소득세로 납부하여야 합니다.

1. 서면법인2018-196(2018. 4. 9.)

| 제목 | 공익사업을 위한 수용 등에 따른 공장이전에 대한 과세특례
적용 여부

| 요약 | 공익사업을 위한 수용 등에 따른 공장이전에 대한 과세특례
를 적용받은 법인이 공장이전 후 업종을 변경하는 경우에도
특례를 계속 적용받을 수 있는 것임.

2. 기획재정부법인-500(2012. 6. 11.)

| 제목 | 공익사업을 위한 수용 등에 따른 물류시설 이전에 대한 과
세특례 적용 여부

| 요약 | 물류시설용 건물과 그 부수토지를 사업인정고시일부터 소
급하여 5년 이상 사용하였는지 여부는 해당 건물을 실제로
물류사업에 사용한 날을 기준으로 가산하는 것임.

part

08

세무사님!
어떻게 하면 좋을까요?

지금까지 공익수용의 절차부터 지목별 세액감면 및 절세를 위한 검토사항까지 공익수용의 양도소득세 전반에 대해 알아보았습니다. 토지보상 관련 상담을 진행하면서 토지소유자는 이외에도 수용부동산에 대한 여러 고민을 가지고 있는 것을 알고 있습니다.

이번 장에서는 다양한 수용 상담 사례 중 대표적인 질문들에 대한 Q&A 시간을 가지면서 토지소유자의 고민을 해결해드리겠습니다.

취득 시 다운계약서를 쓴 상황, 최근 증여받은 토지가 수용된 경우, 받은 수용보상금을 자녀에게 주는 경우 발생할 수 있는 증여세 위험, 수용 도중 상속이 개시되면 세법상 어떤 이슈가 있는지, 감면 요건을 적용하지 않고 신고하였던 양도소득세를 돌려받는 방법 등 다양한 질문들에 대한 답변을 살펴보면서 나의 수용보상금을 지키는 방안에 대해 알아보도록 하겠습니다.

세무사님! 증여한 부동산이 수용되면 어떤 문제가 있나요?

수용사업지구로 선정되기 전에 배우자 또는 가족에게 수용부동산을 증여하는 경우가 빈번합니다.

수용에 따른 보상금액이 크다면 이에 따른 양도소득세의 부담도 상당할 것이므로, 이를 회피하기 위해 미리 배우자 등에게 증여하여 취득가액을 높이는 방법으로 양도소득세 부담을 줄이고자 할 것이기 때문입니다.

이를 막기 위해 세법에서는 증여자와 수증자의 관계에 따라 이월과세규정과 부당행위계산 부인규정을 마련하여 과세형평을 도모하고 의도적인 조세회피를 방지하고 있습니다.

1 ▶ 이월과세규정

이월과세란 거주자가 양도일부터 소급하여 10년 이내에 그 배우자 또는 직계존비속으로부터 증여받은 토지, 건물 및 부동산상의 권리 등 자산의 양도차익을 계산할 때 양도가액에서 공제할 필요경비는 자본적지출액 등을 인정하되, 취득가액은 증여자인 그 배우자 또는 직계존비속의 취득 당시 실제취득가액 등에 따른 금액으로 적용하는 것을 말합니다.

이 경우 거주자가 증여받은 자산에 대하여 납부하였거나 납부할 증여세 상당액이 있는 경우에는 양도차익 계산 시 필요경비에 산입하여 양도가액에서 차감하며, 장기보유특별공제, 세율적용 및 비사업용토지 판정 시 보유기간도 당초 증여자의 취득일로 계산합니다.

1) 대상 수증자

수용부동산의 당초 증여자가 배우자 또는 직계존비속에게 증여하여야 합니다. 양도 당시 혼인관계가 소멸한 경우라도 배우자로 포함하되, 사망으로 혼인관계가 소멸하는 경우는 제외합니다.

따라서 형제자매나 특수관계가 있는 자에게 증여를 하고 일정 요건에 충족되는 경우에는 이월과세가 아닌 후술하는 부당행위계산의 부인규정이 적용됩니다.

2) 적용대상자산

양도소득세가 과세되는 자산은 여러 종류가 있지만, 이월과세규정이 적용되는 자산은 토지, 건물, 부동산에 관한 권리(분양권, 입주권, 이용권, 회원권 및 시설물이용권 등)에 한합니다.

3) 이월과세를 배제하는 경우

① 사업인정고시일부터 소급하여 2년 이전에 증여받은 경우로서 「토지보상법」이나 그 밖의 법률에 따라 협의매수 또는 수용된 경우

② 1세대가 1주택을 보유하는 경우로서 비과세 요건을 충족하는 주택을 양도하는 경우(양도소득의 비과세대상에서 제외되는 고가주택 포함)

③ 이월과세규정을 적용하여 계산한 양도소득 결정세액이 이월과세규정을 적용하지 아니하고 계산한 양도소득 결정세액보다 적은 경우

| 이월과세 계산 예시 |

- 기본상황(취·등록세 등 기타필요경비는 가정에서 제외하였음)

구분	상황 내용
증여자	아버지: 100,000,000원에 매매취득(취득일: 1985. 6.)
수증자	아들: 150,000,000원에 증여취득(취득일: 2021. 5.)
계산 전제	사업인정고시일: 2022. 8. 수용 완료일: 2023. 12. 수용보상금: 5억 원 * 계산 편의상 감면 또는 비사업용토지 세율은 반영하지 않았음.

상황(A)-이월과세를 적용하는 경우
(1985년 父 취득가액으로 계산)

(단위: 원)

	구분	금액
	보상가액	500,000,000
(−)	취득가액	100,000,000
(−)	필요경비 (증여세액)	10,000,000
(=)	양도차익	390,000,000
(−)	장기보유특별공제 (30%)	117,000,000
(−)	기본공제	2,500,000
(=)	과세표준	270,500,000
(×)	세율	38%−19,940,000
(=)	산출세액	82,850,000
(+)	지방소득세	8,285,000
(=)	총부담세액	91,135,000

상황(B)-이월과세를 배제하는 경우
(2021년 子 취득가액으로 계산)

(단위: 원)

	구분	금액
	보상가액	500,000,000
(−)	취득가액	150,000,000
(−)	필요경비	−
(=)	양도차익	350,000,000
(−)	장기보유특별공제 (0%)	−
(−)	기본공제	2,500,000
(=)	과세표준	347,500,000
(×)	세율	40%−25,940,000
(=)	산출세액	113,060,000
(+)	지방소득세	11,306,000
(=)	총부담세액	124,366,000

위 예시는 수용으로 인한 사업인정고시일부터 소급하여 2년 이전에 증여한 경우가 아니므로 이월과세 배제가 불가능한 상황입니다.

해당 상황에서는 이월과세 배제 시 세액이 이월과세 적용 시 세액보다 더 크므로 이월과세규정을 적용하지 않습니다.

4) 납세의무자

이월과세규정을 적용하더라도 양도소득세의 납세의무자는 여전히 증여받아 양도한 배우자 등 수증자입니다.

이는 취득시기와 장기보유특별공제의 적용, 세율적용 시 보유기간에 대한 판단만 당초 증여자를 기준으로 하여 증여자의 최초 취득일부터 증여시점까지 보유기간에 대한 경제적 이익을 양도 시 수증자에게 실현시키고자 함이기 때문입니다.

> ### ✏ 참고 판례
>
> 대전지법 2010구합2212(2010. 9. 15.)
>
> | 제목 | 배우자이월과세규정 적용 시 증여자의 취득시기와 취득원인은 수증자에게 승계되지 않음.
>
> | 요약 | 증여받은 배우자가 5년 이내에 양도하는 경우 양도소득세 계산에 있어 증여한 배우자의 취득가액을 적용하는 규정으로 취득시기를 소급하는 규정이 아니고, 더욱이 취득원인을 승계하는 것도 아님.

2 우회양도에 따른 부당행위계산 부인규정

부당행위계산 부인은 특수관계자 간의 고·저가 거래를 통해 제3자와의 일반적인 거래에 비하여 객관적으로 조세의 부담을 부당하게 감소시키는 유형과 양도소득세를 회피하기 위하여 증여의 형식을 거쳐 우회양도한 경우 이를 부인하는 유형이 있습니다. 수용은 특수관계자 간의 고·저가 거래가 아니므로 이에 대한 설명은 생략하고, 증여의 형식을 거쳐 우회양도하는 경우에 대해서 살펴보겠습니다.

거주자가 특수관계인에게 자산을 증여한 후 그 자산을 증여받은 자가 그 증여일부터 10년 이내에 다시 타인에게 양도한 경우로서 증여받은 자의 증여세와 양도소득세를 합한 세액이 증여자가 직접 양도하는 경우로 보아 계산한 양도소득세보다 적은 경우에는 증여자가 그 자산을 직접 양도한 것으로 봅니다.

다만, 양도소득이 해당 수증자에게 실질적으로 귀속된 경우에는 그러하지 아니합니다. 이는 실질과세원칙을 구체화하여 공평과세를 실현하고자 하는 데에 그 입법취지가 있다고 할 수 있습니다.

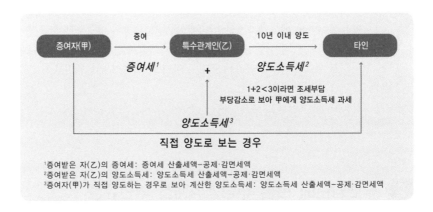

^{1}증여받은 자(乙)의 증여세: 증여세 산출세액-공제·감면세액
^{2}증여받은 자(乙)의 양도소득세: 양도소득세 산출세액-공제·감면세액
^{3}증여자(甲)가 직접 양도하는 경우로 보아 계산한 양도소득세: 양도소득세 산출세액-공제·감면세액

1) 대상 수증자

우회양도에 따른 부당행위계산 부인규정이 적용되기 위해서는 「소득세법」에서 명시하는 특수관계인에게 증여하여야 합니다. 동일한 거래형태에서 배우자 및 직계존비속은 이월과세규정을 적용받기 때문에 우회양도에 따른 부당행위계산 부인규정의 특수관계인 대상에서 제외됩니다.

* 특수관계인
  * 4촌 이내의 혈족
  * 3촌 이내의 인척
  * 배우자(사실상의 혼인관계에 있는 자를 포함한다)
  * 친생자로서 다른 사람에게 친양자 입양된 자 및 그 배우자 · 직계비속
  * 본인이 「민법」에 따라 인지한 혼인 외 출생자의 생부나 생모(본인의 금전이나 그 밖의 재산으로 생계를 유지하는 사람 또는 생계를 함께하는 사람으로 한정)
  * 임원 · 사용인 등 경제적 연관관계가 있는 자
  * 주주 · 출자자 등 경영지배관계가 있는 자 등

2) 적용대상자산

이월과세규정과는 달리 양도소득세가 과세되는 모든 자산에 대하여 우회양도에 따른 부당행위계산 부인규정에 해당하면 적용됩니다.

3) 공익수용 시 적용 여부

「토지보상법」 및 그 밖의 법률에 의하여 협의취득하거나 수용되는 경우에도 부당행위계산 부인규정에 해당하면 적용합니다.

4) 이월과세와 우회양도에 따른 부당행위계산 부인의 공통점과 차이점

① 공통점

구분	이월과세	부당행위계산의 부인
적용기간	증여일~10년 이내 양도 (단, 공익수용 시 이월과세는 예외 존재)	
취득시기	당초 증여자의 취득일자	
장기보유특별공제		
세율적용(보유기간)		
수증인이 납부한 취득세	필요경비 제외	

② 차이점

구분	이월과세	부당행위계산의 부인
적용대상자산	토지·건물·부동산에 관한 권리	모든 양도소득세 과세대상 자산
납세의무자	배우자 및 직계존비속인 수증자	당초의 증여자
조세부담 부당감소 여부	무관하되, 이월과세 적용세액이 비적용 결정세액 이상인 경우에만 적용	부당한 감소가 있는 경우에만 적용(양도소득이 수증자에게 실질귀속된 경우는 제외)
당초 증여세 처리	기타필요경비로 차감	증여세 환급 또는 부과취소
연대납세의무	규정 없음.	증여자와 수증자 연대납세의무 있음.

1. 대법원 2011두20543(2011. 11. 24.)

| 제목 | 우회양도의 경우 양도소득세 부당행위계산 부인

| 요약 | 우회양도의 경우 수증자가 부담할 증여세와 양도소득세의 합계가 증여자가 직접 양도하였을 경우의 양도소득세보다 적어 조세를 부당하게 감소시키는 등 객관적인 사정이 있는 경우에 한하여 적용됨.

2. 서울고법 2012누27826(2013. 3. 7.)

| 제목 | 증여한 주택이 5년 이내에 수용된 것에 대하여 부당행위계산 부인한 처분은 적법함.

| 요약 | 증여한 주택의 수용으로 받은 보상금 중 대부분은 증여자의 부동산 취득자금 등에 사용되었고, 사회통념이나 거래 관행상 합리적인 경제인이 취할 정상적인 거래라고 보기 어려운 점 등에 비추어 부당행위계산 부인한 처분은 적법하고 특수관계자에 대한 증여행위를 끼워 넣어 양도소득세 부담을 회피하는 행위를 규제하는 관련 조항은 헌법에 위반된다고 볼 수 없음.

2

세무사님! 수용보상금을 자녀에게 주면 어떻게 되나요?

연로하신 토지소유자일수록 어떻게 하면 수용보상금을 자녀에게 효과적으로 증여할 수 있을지에 대한 고민이 많습니다. 자녀가 신혼부부이거나 혼인을 앞두고 있는 경우에는 전세자금이나 신혼집을 마련해주고자 증여를 고민할 수도 있고, 자녀가 사업을 영위하고 있다면 좋지 못한 경기에 조금이나마 도움이 되고자 수용보상금 중 일부를 사업자금으로 지원해주고 싶어합니다.

또는 상속재산가액이 과다할 것을 걱정하여 생전에 미리 자녀들에게 본인 재산을 증여함으로써 추후 발생할 과도한 상속세 부담을 덜어주고 싶어합니다.

하지만 수용보상금은 과세관청으로부터 지속적인 출처관리가 이루어지므로, 자녀에게 일시적으로 거액의 수용보상금을 준다면 증여세 문제가 발생합니다.

1 세법의 증여란?

「상증세법」상 증여의 개념은 "그 행위 또는 거래의 명칭·형식·목적 등과 관계없이 직접 또는 간접적인 방법으로 타인에게 무상으로 유형·무형의 재산 또는 이익을 이전(현저히 낮은 대가를 받고 이전하는 경우를 포함)하거나 타인의 재산가치를 증가시키는 것"입니다. 여기서 유증과 사인증여는 제외됩니다.

증여계약을 할 때에는 증여자와 수증자 사이에 구두만으로도 증여계약이 성립되므로, 별도의 서면계약 없이 당사자의 의사합치만으로도 증여가 성립합니다.

| 일반적인 증여재산의 계산구조 |

	구분	내용
	증여재산가액	시가 또는 기준시가 등 세법상 평가기준에 따른 재산가액
(+)	재차증여 재산가액	10년 내 동일인으로부터 증여받은 가액의 합계가 1천만 원 이상인 경우
(−)	비과세증여 재산가액	사회통념상 인정되는 생활비, 교육비 등 비과세로 열거된 사유
(−)	과세가액불산입 재산가액	공익법인, 장애인 관련 등 과세 제외로 열거된 사유
(−)	부담부증여 채무인수액	증여재산에 담보된 채무로서 수증자가 실제로 인수한 채무상당액
(=)	증여세 과세가액	
(−)	증여재산공제액*	배우자, 직계존비속 등 수증자별로 열거된 공제액
(−)	감정평가수수료공제 등	증여재산의 감정평가 시 부담한 수수료상당액
(=)	증여세 과세표준	

구분		내용
(×)	누진세율 (세대생략 할증액)	10~50% 5단계 누진세율 적용 (살아있는 자녀 대신 손자 등에게 세대이전하여 증여하는 경우 할증 적용)
(=)	증여세 산출세액	
(−)	세액공제 등	증여세 신고세액공제, 과거 증여 시 납부한 기납부 세액 등(이중과세방지)
(+)	가산세	신고불성실가산세 또는 납부지연가산세 등
(=)	총 결정세액	증여받은 날이 속하는 달의 말일부터 3개월 이내에 증여세 신고

* 증여재산공제액

증여자와의 관계	수증자가 거주자인 경우	수증자가 비거주자인 경우
배우자	6억 원	증여재산공제 불가
직계존속	5천만 원	
직계비속	5천만 원(미성년자 2천만 원)	
기타 친족	1천만 원	

* 상속세 및 증여세율

과세표준	세율	누진 공제
1억 원 이하	10%	
1억 원 초과~5억 원 이하	20%	1천만 원
5억 원 초과~10억 원 이하	30%	6천만 원
10억 원 초과~30억 원 이하	40%	1억 6천만 원
30억 원 초과	50%	4억 6천만 원

2 수용보상금을 증여 후 다시 돌려받으면 어떻게 되나요?

증여자로부터 증여재산을 증여받은 자가 일정한 사유로 다시 증여자에게 수증재산을 반환하는 경우에는 반환시점이 언제인지에 따라 재차 증여하는 행위에 대해 다시 증여세가 부과될 수도 있습니다.

1) 증여세 신고기한 이내 반환하는 경우

증여세 신고기한은 당초 증여일이 속한 달의 말일로부터 3개월 이내입니다. 이 기간 내에 증여받은 재산을 반환하는 경우에는 당초부터 증여가 없었던 것으로 보므로, 증여세가 과세되지 않습니다.

2) 증여세 신고기한 후 3개월 이내 반환하는 경우

당초 증여분에 대해서는 증여세가 과세되지만, 반환하는 전체 또는 일부 부분에 대해서는 증여로 보지 않습니다.

3) 증여세 신고기한 후 3개월 이후 반환하는 경우

당초 증여분과 다시 반환하는 거래 모두 과세대상 증여거래로 보고 증여세가 부과됩니다.

4) 증여재산이 금전인 경우

증여재산이 금전인 경우에는 증여재산 반환에 대한 증여세 예외

규정이 없습니다. 따라서 일단 증여가 이루어진 금원의 이전에 대해서는 반환시점과 상관없이 당초 증여거래와 반환거래 모두 증여세가 과세되는 것입니다. 이는 금전은 일반적인 재화의 교환수단으로서 대상 목적물이 특정되지 아니하여 당초 증여받은 금전과 동일한 금전의 반환인지 사실상 구분할 수 없기 때문입니다.

참고 판례

1. 서울고법 2012누36844(2013. 5. 8.)

| 제목 | 금전의 경우에는 증여와 반환의 용이성을 이용한 악용 우려가 크므로 증여세 예외규정을 두지 않는다.

| 요약 | 금전을 증여한 때에는 증여와 동시에 그 금전이 본래 수증자가 보유하고 있던 현금자산에 혼입되어 이를 분리·특정할 수 없게 되는 특수성이 있고, 또한 금전의 경우에는 증여와 반환이 용이하다는 점을 이용하여 증여와 반환을 신고기한 이내에 반복하는 방법으로 악용할 우려가 크기 때문에 이를 방지하기 위한 정책이 필요하다. 국가가 위와 같은 정책 목적의 달성을 위하여 금전의 경우에 예외를 인정하더라도, 이를 가리켜 합리적 이유 없이 납세자를 차별하는 것이라고는 할 수 없다.

2. 서울고법 2012누470(2013. 3. 22.)

| 제목 | 계좌에 입금하거나 이체하는 경우에도 '금전'을 증여받은 경우에 해당함.

| 요약 | 「상증세법」에서 신고기한 이내에 반환하는 경우 처음부터 증여가 없었던 것으로 보는 대상에서 금전을 제외한다고 규정하고 있는데 계좌에 입금하거나 이체하는 것은 금전을 수수하는 방법에 불과하므로 금전을 증여받은 경우에 해당함.

3 부모로부터 금전을 무상 대여하면 증여세 과세 대상인가요?

수용보상금을 부모로부터 무상 대여한다면 어떻게 될까요? 특수관계인으로부터 금전을 무상으로 또는 적정 이자율보다 낮은 이자율로 대출받은 경우에는 그 금전을 대출받은 날에 다음의 금액을 그 금전을 대출받은 자의 증여재산가액으로 합니다.

1) 증여재산가액의 산정

① 무상으로 증여받은 경우

증여재산가액 = 대출금액 × 적정이자율(현재 연 4.6%)

② 적정 이자율보다 낮은 이자율로 대출받은 경우

증여재산가액 = (대출금액 × 적정이자율) - 실제 지급한
이자상당액

2) 증여재산가액의 최저한

금전을 무상 또는 저리로 대출받은 경우라 하더라도 증여재산가액이 1천만 원 미만인 경우라면 증여세를 과세하지 않습니다. 이 경우 대출을 여러 차례 나누어 받은 경우에는 각각 대출받은 시점을 기준으로 증여재산가액의 1천만 원 이상 여부를 판단합니다.

세무사님! 수용보상금으로 자녀명의 부동산 구입도 안되나요?

1 주택취득자금을 소명하라는데 이것이 뭔가요?

1) 자금조달계획서를 통한 증여 포착

2017년 8·2대책 이후로 수많은 부동산 대책들이 쏟아지고 있습니다. 그중 하나가 바로 주택 취득 시 의무제출하여야 하는 "주택취득자금 조달 및 입주계획서"입니다. 기존 「부동산 거래신고 등에 관한 법률」의 계약 당사자, 계약 체결일, 거래가액 정보 외에 주택자금조달계획, 입주계획 및 자금출처 확인 등을 통해 증여세 등 탈루 여부 조사, 전입신고 등과 대조하여 위장전입, 실거주 여부 등을 확인하여 미신고자, 허위신고자 등에 대해서는 과태료를 부과하기로 한 것입니다.

지속적인 대책의 강화로 인해 현재는 실제 거래가격이 6억 원 이상, 투기과열지구 또는 조정대상지역 내 소재하는 주택, 수도권 등에 소재하는 1억 원 이상의 토지, 수도권 등 외의 지역에 소재하는

6억 원 이상의 토지 등을 매수하는 경우 거래가액과 무관하게 주택자금조달계획서를 제출하여야 하고, 나아가 투기과열지구 내 주택거래신고 시 거래가액과 무관하게 매수자는 자금의 조달계획을 증명하는 서류를 첨부하여 제출하여야 합니다.

관할 시 · 군 · 구청에서는 증빙자료 확인을 통해 불법 증여, 대출규정 위반 등 의심거래는 집중 관리대상으로 선정하고, 실거래 신고 즉시 조사에 착수하게 됩니다. 그리고 증여 탈세로 의심이 되는 거래에 대해서는 관할 세무서에 정보를 이관하여 바로 증여세 관련 해명자료 안내를 받게 됩니다. 해명자료에 대한 명확한 소명이 되지 않는다면 고액의 증여세가 추징될 수 있는데, 이 조사라는 것은 경험해보지 않은 납세자에게는 정말 극심한 스트레스로 다가옵니다.

| 주택 자금조달계획서 증빙서류 목록 |

자금 구분	세부 항목	증빙서류
자기 자금	금융기관 예금액	통장사본, 예금 잔액증명서, 수표발행내역 등
	주식 · 채권 매각대금	주식거래명세서, 잔액증명서 등
	부동산 처분 대금	매매계약서, 임대차계약서 등
	증여 · 상속	증여 · 상속세 신고서, 납세증명서 등
	현금 등 그 밖의 자금	소득금액증명원, 근로소득원천징수영수증 등
차입금 등	금융기관 대출액	금융거래 확인서, 부채증명서, 대출신청서 등
	임대 보증금	전 · 월세 임대차계약서 등
	회사 지원금, 사채, 그 밖의 차입금	회사 지원금 신청 또는 입출금 내역, 차용증 등 금전 차용을 증빙할 수 있는 서류 등

| 투기과열지구 지정 현황(23. 1. 5. 현재) |

지역	지정 지역
서울	서초구 · 강남구 · 송파구 · 용산구(4개구)

* 조정대상지역지정 현황은 1세대1주택 비과세 요건을 참고하면 됩니다.

2) 재산취득자금 증여추정

어떤 사람이 유상으로 재산을 취득하였거나 또는 채무를 상환하였다면 그 사람은 그 재산의 취득자금 또는 채무의 상환자금의 원천이 있게 마련이며, 이 원천은 본인의 소득이나 보유재산일 수도 있고 채무를 부담하거나 타인의 증여에 의한 것일 수도 있을 것입니다. 이에 대하여 과세관청이 재산취득자 또는 채무상환자에게 그 재산취득자금 또는 채무의 상환자금의 출처를 조사하여 일정수준의 취득자금의 출처를 입증하지 못하는 경우에는 재산취득자금 등을 증여받아 취득한 것으로 추정하여 증여세를 과세합니다.

① 증여추정 요건
- 재산을 취득하는 경우
  재산 취득자의 직업, 연령, 소득 및 재산 상태 등으로 볼 때 재산을 자력으로 취득하였다고 인정하기 어려운 경우
- 채무를 상환하는 경우
  채무자의 직업, 연령, 소득, 재산 상태 등으로 볼 때 채무를 자력으로 상환(일부 상환을 포함)하였다고 인정하기 어려운 경우

② 증여추정 적용 여부 판정 및 증여재산가액

위 두 사유에 해당하여 자금출처를 입증하지 못하는 경우라도 미입증된 금액이 세법상 일정금액 이하인 경우에는 증여세 과세에서 제외하는 기준을 마련하고 있습니다. 따라서 취득자금 또는 상환자금이 직업, 연령, 소득, 재산 상태 등을 고려하여 일정금액 이하인 경우와 취득자금 또는 상환자금의 출처에 관한 충분한 소명이 있는 경우에는 증여세를 과세하지 않습니다.

이 경우 여러 번에 걸쳐 재산을 취득하거나 채무를 상환하는 경우에는 각각의 사유가 발생할 때마다 증여추정 적용 여부를 판단합니다.

- 증여추정 적용 여부 판정

$$(재산취득 \cdot 채무상환금액 - 입증가액)$$
$$< Min(재산취득 \cdot 채무상환금액 \times 20\%, 2억 \ 원)$$

- 증여재산가액

$$증여재산가액(입증되지 \ 아니하는 \ 금액)$$
$$= 재산취득 \cdot 채무상환금액 - 자금출처로 \ 입증된 \ 금액$$

증여추정 적용 여부 판정 시에는 재산취득·채무상환금액의 20%를 차감하여 판단하지만, 자금출처가 입증되지 않으면 입증되지 아니하는 금액 전액이 증여재산가액이 됩니다.

③ 반드시 성립해야 할 추가 요건이 있나요?

재산취득자금에 대한 증여세를 과세하기 위해서는 수증자에게 일정한 직업이나 소득이 없다는 점 외에도 증여자에게 재산을 증여할 만한 경제적 재력이 있어야 성립가능하고, 이러한 사실증명에 대한 책임은 과세관청에 있습니다.

> **참고 판례**

> 서울고법 2013누364(2014. 5. 21.)
> | 제목 | 배우자 등이 증여할 만한 충분한 재력이 있었으므로 증여추정은 적법함.
> | 요약 | 대출받아 변제한 것으로 당초의 회계장부에 기재되지도 아니하여 이를 근거로 취득한 자금이 단순한 차용금이라고 단정하기도 어려울 뿐만 아니라 배우자 등이 자금을 증여할 만한 충분한 재력이 있었으므로 증여로 추정하여 과세한 처분은 적법함.

2 수증재산은 어떻게 파악되나요?

1) 소득 - 지출 분석(PCI 시스템)

국세청은 납세자에 의한 소득이나 이익의 의도적인 누락을 적발하여 세금을 추징하기 위해 그동안 확보한 납세자의 재산현황, 소비수준, 신고내역을 통합·분석하고 결과를 추출해내는 PCI 시스템(Property, Consumption and Income Analysis System 소득

- 지출 분석 시스템)을 운용하고 있습니다. 이는 "재산증가액+소비지출액 - 신고소득 = 탈루혐의액"이라는 명료한 전제를 활용하여 탈루세액을 쉽게 찾아낼 수 있는 대표적인 조사방법입니다.

예를 들어 과거 5년간 국세청 신고소득은 4억 원인데 반해 지난 5년간 재산증가액과 소비지출액이 각각 7억 원과 3억 원으로 그 합이 10억 원이라고 가정하면, 차액인 6억 원은 탈루소득 또는 증여로 의심되어 세무조사 대상자로 선정될 수 있습니다.

이처럼 일정기간 동안 재산증가와 소비지출의 합계액이 해당기간 동안 신고된 소득의 합계액보다 크면, 그 차액은 신고 누락된 소득으로 추정하여 소명요구를 하게 됩니다.

국세청은 동산·부동산의 등기 또는 명의이전을 요구하는 재산뿐만 아니라 납세자의 신용카드 및 현금영수증 사용빈도, 거래내역까지 파악 가능합니다. 이는 국세청이 개인의 금융거래내역도 조회할 수 있기 때문입니다. 개인의 사생활이 보호되고 있지 않다고 생각할 수 있지만 「금융실명법」 제4조에 "조세에 관한 법률에 따라 제출의무가 있는 과세자료 등의 제공과 소관 관서의 장이 상속·증여재산의 확인, 조세탈루의 혐의를 인정할 만한 명백한 자료의 확인, 체납자의 재산조회, 「국세징수법」 제9조 제1항 각 호의 어느 하나에 해당하는 사유로 조세에 관한 법률에 따른 질문·조사를 위하여 필요로 하는 거래정보 등의 제공"은 그 사용 목적에 필요한 최소한의 범위에서 거래정보 등을 제공할 수 있다고 명시되어 있습니다.

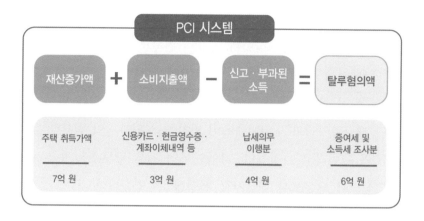

2) 금융정보분석원(FIU: Financial Intelligence Unit)

2001년에 설립된 금융정보분석원은 금융거래를 이용한 자금세탁 행위를 규제하고 불법외화 유출을 방지함으로써 범죄행위 예방과 건전하고 투명한 금융거래질서를 확립하고자 만든 기관으로, 크게 두 가지 제도를 통해 불법 금융거래 및 증여거래를 포착합니다.

① **의심거래보고제도(STR: Suspicious Transaction Report)**

금융거래를 통한 취득재산이 불법이라는 합리적인 의심이 되는 경우 이를 금융정보분석원장에게 보고하도록 하는 제도로서, 거래금액에 불문하고 의심되는 거래는 무조건 보고의무가 있습니다.

② **고액현금거래보고제도(CTR: Currency Transaction Report)**

동일인 명의로 1거래일 동안 입출금 금액이 1천만 원 이상인 경우 금융회사는 전산상 자동으로 금융정보분석원장에게 보고하는 제도입니다.

금융정보분석원장은 불법재산·자금세탁행위 또는 공중협박자금 조달행위와 관련된 조세탈루혐의 확인을 위한 조사업무, 조세체납자에 대한 징수업무에 필요하다고 인정되는 경우에는 특정금융거래정보를 국세청장에 제공합니다. 국세청에서는 해당 정보를 증여세 세무조사 근거자료로 활용합니다.

세무사님! 수용 중 상속이 일어나면 어떻게 하면 좋을까요?

수용진행 과정에서 수용대상 토지소유자인 배우자 및 직계존비속이나 형제자매가 사망하고 수용보상금 수령이 사망일로부터 6개월 이내라면 공익수용에 따른 양도소득세는 발생하지 않습니다.

이는 상속세 신고 시 상속취득가액과 양도소득세 신고 시 수용보상금이 같아지기 때문입니다. 이와 같은 세법원리를 이해하기 위해서는 「상증세법」상 상속재산을 평가하는 원칙을 알아야 합니다.

「상증세법」에서는 원칙적으로 시가를 상속재산가액으로 하여 상속세 신고를 합니다. 만약, 시가를 알 수 없거나 적용하기 곤란한 경우에는 보충적 재산가액 평가방법에 따라 상속재산가액을 평가합니다.

「상증세법」 시가평가의 원칙

1) 시가의 정의

상속세나 증여세가 부과되는 재산의 가액은 상속개시일 또는 증여일 현재의 시가에 따릅니다. 이때 시가란 불특정 다수인 사이에 자유롭게 거래가 이루어지는 경우에 통상적으로 성립된다고 인정되는 가액으로 하고, 매매가격·수용가격·공매가격·감정가격 등을 시가로 인정합니다.

매매가격·수용가격·공매가격·감정가격 등 시가로 인정되는 것이란, 상속재산의 경우 상속개시일(이하 "평가기준일") 전후 6개월, 증여재산의 경우에는 증여등기접수일 전 6개월부터 증여등기접수일 후 3개월까지의 기간 중 매매·감정·수용·경매 또는 공매가 있는 경우에 확인되는 가액을 말합니다.

다만, 평가기간에 해당하지 아니하는 기간으로서 평가기준일 전 2년 이내의 기간 중에 매매 등이 있거나 평가기간이 경과한 후부터 상속세 과세표준 신고기한부터 9개월(또는 증여세 과세표준 신고기한부터 6개월) 중에 매매 등이 있는 경우에도 평가기준일부터 매매계약일 등까지의 기간 중에 주식발행회사의 경영상태, 시간의 경과 및 주위환경의 변화 등을 고려하여 가격변동의 특별한 사정이 없다고 보아 상속세 또는 증여세 납부의무가 있는 자, 지방국세청장 또는 관할 세무서장이 신청하는 때에는 평가심의위원회의 심의를 거쳐 확인되는 가액은 시가에 포함할 수 있습니다.

2) 시가의 평가방법

① 매매가액 또는 유사매매사례가액

해당 자산에 대한 매매가액을 말하는 것으로서, 피상속인의 수용 부동산이 상속개시일로부터 6개월 이내에 수용계약을 체결하여 양도하는 경우에는 그 수용가액이 상속재산의 매매가액이 되며 이를 통해 상속세를 계산하게 됩니다. 여기서 상속세 계산 시 산정된 수용부동산의 매매가액은 양도소득세 계산 시 취득가액이 되므로 양도가액과 취득가액이 같아져 양도소득세는 발생하지 않습니다.

유사매매사례가액은 양도하는 재산과 면적, 위치, 용도, 종목 및 기준시가가 동일하거나 유사한 다른 재산의 가액을 말합니다. 해당 가액이 시가산정 기간 내에 있는 경우에는 해당 가액을 시가로 인정합니다.

| 가정: 상속개시일 이후 6개월 내 피상속인의 수용부동산이 10억 원에 수용 양도 시 상속세·양도소득세 계산 |

(단위: 백만 원)

상속세		양도소득세	
항목	가액	항목	가액
상속재산가액 (매매가액)	**1,000**	양도가액 (수용가액)	1,000
상속공제액	…	취득가액 (상속재산가액)	**1,000**
과세표준	…	양도차익	—

* 상속세 신고는 수용가액 및 기타 상속재산을 합하여 상속개시일이 속하는 달의 말일부터 6개월 이내에 납세지 관할 세무서장에게 신고하여야 합니다.

② 감정평가액

공신력 있는 감정기관이 평가한 감정가액이 둘 이상 있는 경우에는 그 감정가액의 평균액이 시가가 됩니다.

다만, 해당 감정가액이 수용대상 자산의 개별공시지가 등 기준시가와 수용대상 자산과 면적·위치·용도·종목 및 기준시가가 동일하거나 유사한 다른 재산의 매매사례가액의 90%에 해당하는 가액 중 적은 금액에 미달하는 경우에는 수용대상 물권지 소재지 세무서장 또는 관할 지방국세청장이 다른 감정기관에 의뢰하여 감정한 가액에 의하되, 그 가액이 납세자가 제시한 감정가액보다 낮은 경우에는 그러하지 아니합니다.

③ 수용가액 등

해당 재산에 대하여 수용·경매 또는 공매사실이 있는 경우에는 그 보상가액·경매가액 또는 공매가액으로 합니다.

④ 담보 등으로 제공되어 있는 경우

매매가격·수용가격·공매가격·감정가격 등의 가액이 있더라도 해당 부동산에 저당권 등의 가액과 비교하여야 합니다.

저당권·담보권·질권·근저당권·전세권 등이 설정되어 있다면, 설정된 전체 담보 채권액의 합계액과 매매가격·수용가격·공매가격·감정가격 등의 가액 중 큰 금액을 해당 부동산의 시가로 평가합니다.

* 시가: Max(1. 매매가격·수용가격·공매가격·감정가격 등, 2. 담보 채권액)

3) 시가의 산정기준

시가를 재산가액으로 적용할 때 매매가액·감정가액·수용가액·경매가액이 평가기준일 전후 6개월(증여재산의 경우에는 평가기준일 전 6개월부터 평가기준일 후 3개월까지) 이내에 해당하는지는 다음 기준으로 하여 판단하며, 시가로 보는 가액이 둘 이상인 경우에는 평가기준일을 전후하여 가장 가까운 날에 해당하는 가액(그 가액이 둘 이상인 경우에는 그 평균액)을 적용합니다.

① 매매가액: 매매계약일
② 감정가액: 가격산정기준일과 감정가액평가서 작성일
③ 수용·경매가액: 보상가액·경매가액 또는 공매가액이 결정된 날

2 시가가 없을 경우의 보충적 평가방법

1) 보충적 평가방법의 정의

시가를 산정하기 어려운 경우에는 해당 재산의 종류, 규모, 거래 상황 등을 고려하여 「상증세법」상 분류된 자산마다 규정된 방법으로 평가한 가액을 보충적으로 인정하여 상속·증여재산가액으로 산정합니다. 수용의 경우는 부동산이 그 보상대상의 주를 이루므로, 이하에서는 부동산에 대한 보충적 평가방법에 대해 알아보겠습니다.

2) 부동산 종류별 보충적 평가방법

① 토지의 보충적 평가방법

「부동산 가격공시에 관한 법률」에 따른 개별공시지가. 다만, 개별 공시지가가 없는 토지의 가액은 납세지 관할 세무서장이 인근 유사 토지의 개별공시지가를 고려하여 해당 토지와 지목·이용 상황 등 지가형성요인이 유사한 인근 토지를 표준지로 보고 평가한 금액으로 합니다.

② 건물의 보충적 평가방법

건물(오피스텔이나 상업용 건물, 주택을 제외한 일반건물을 의미) 의 신축가격, 구조, 용도, 위치, 신축연도 등을 고려하여 매년 1회 이상 국세청장이 산정·고시하는 가액을 적용합니다.

③ 오피스텔 및 상업용 건물의 보충적 평가방법

건물의 종류, 규모, 거래 상황, 위치 등을 고려하여 매년 1회 이상 국세청장이 토지와 건물에 대하여 일괄하여 산정·고시한 가액을 적용합니다.

④ 주택의 보충적 평가방법

「부동산 가격공시에 관한 법률」에 따른 개별주택가격 및 공동주택 가격으로서 국세청장이 결정·고시한 가격을 적용합니다.

⑤ 임대료 환산가액

사실상 임대차계약이 체결되거나 임차권이 등기된 재산의 경우에는 임대료 등을 기준으로 하여 다음과 같이 산정한 임대료 등의 환산가액과 상기 "①"부터 "④"까지의 규정에 따라 평가한 가액 중 큰 금액을 그 재산의 가액으로 합니다.

임대료 환산가액
= (1년간의 임대료 ÷ 12%) + 임대보증금

⑥ 담보 등으로 제공되어 있는 경우

보충적 평가액과 임대료 환산가액 중 큰 금액으로 상속·증여재산가액을 산정하였더라도 해당 부동산에 저당권 등의 가액과 비교하여야 합니다.

저당권·담보권·질권·근저당권·전세권 등이 설정되어 있다면 설정된 전체 담보채권액의 합계액, 보충적 평가액, 임대료 환산가액 중 큰 금액을 해당 부동산의 시가로 평가합니다.

* 보충적 평가방법
= Max(1. 보충적 평가액, 2. 임대료 환산가액, 3. 담보 채권액)

상속개시일부터 6개월 이내에 수용으로 인한 양도가 일어나지 않더라도 지가의 급등이 예상되는 지역의 부동산을 상속받게 된다면 꼭 상속세 신고를 하시기 바랍니다.

배우자가 있으면 10억 원까지, 배우자가 없다면 5억 원까지 상속세를 납부할 필요가 없으니 상속재산가액이 이보다 낮다면 상속세 신고를 대부분 생략해도 된다고 알고 있지만, 이는 추후 해당 부동산을 팔 때 큰 세액손실을 초래하게 됩니다.

현재 기준시가 5억 원인 나대지 소유자가 사망하여 배우자와 자녀는 협의하에 협의상속으로 배우자에게 등기를 이전하고 가치가 높지 않아 상속세 신고는 안해도 된다는 주변의 조언에 따라 상속세 신고를 하지 않았다고 가정해보겠습니다.

상속 후 2년이 지나 해당 부동산이 10억 원으로 수용이 된다면 상속세 신고를 하지 않은 대부분의 나대지는 시가가 존재하지 않으므로 배우자의 취득가액은 보충적 평가방법인 기준시가 5억 원으로 결정됩니다. 배우자는 결국 수용보상금 10억 원에서 기준시가 5억 원의 차이인 5억 원의 양도차익에 대해서 양도소득세를 납부하여야 합니다. 5억 원의 양도차익에 대한 기본세율 양도소득세는 1억 9천여만 원에 달합니다.

만약 상속세 신고기한 내에 해당 나대지를 감정평가하여 상속세를 신고했다면 어땠을까요? 감정평가를 받아 해당 나대지를 8억 원에 평가받아 상속세 신고를 하였다면, 상속재산가액인 8억 원이 양도 시 취득가액이 되어 양도차익은 2억 원으로 줄어들게 됩니다. 물론 상속세 신고 시 상속세는 배우자 상속공제 10억 원으로 인해 전혀 발생하지 않습니다. 그러나 2억 원의 양도차익에 대한 기본세율 양도소득세는 6천여만 원에 불과하며 상속세 신고를 안할 경우 1억 3천여만 원의 손실을 보게 됩니다.

다음 표를 통해 감정평가를 통한 상속세 신고와 그렇지 않은 경우의 양도소득세액 차이를 비교해 보겠습니다.

| 상속재산가액이 기준시가 5억 원인 경우 |

(단위: 백만 원)

상속세		양도소득세	
항목	가액	항목	가액
상속재산가액 (기준시가)	**500**	양도가액 (수용가액)	1,000
상속공제액 (배우자상속공제)	1,000	취득가액 (상속재산가액)	**500**
상속세	–	양도소득세	190

| 상속재산가액이 감정평가 8억 원인 경우 |

(단위: 백만 원)

상속세		양도소득세	
항목	가액	항목	가액
상속재산가액 (감정평가액)	**800**	양도가액 (수용가액)	1,000
상속공제액 (배우자상속공제)	1,000	취득가액 (상속재산가액)	**800**
상속세	–	양도소득세	60

1. 대법원 2012다202918(2013. 2. 15.)

| 제목 | 시가를 인정할 만한 자료가 없다면 개별공시지가로 평가하
는 것임.

| 요약 | 상속으로 취득한 부동산의 경우 시가를 산정하기 어려운 경
우에 해당하므로 상속개시일 당시 개별공시지가를 부동산
의 취득가액으로 하여 양도소득세를 부과한 처분은 적법함.

2. 서울고법 2008누8262(2008. 8. 26.)

| 제목 | 상속, 증여로 취득한 부동산을 양도 시 적용할 취득 당시의
실지거래가액

| 요약 | 양도소득세를 실지거래가액으로 계산할 경우, 상속·증여
받은 부동산의 경우 적용할 실지거래가액은 상속·증여 당
시의 「상증세법」에 의한 평가액에 의함.

3. 울산지법 2014구합186(2014. 8. 21.)

| 제목 | 상속으로 취득한 토지의 취득가액 산정 시 매매사례가액의
적정 여부

| 요약 | 매매사례가액은 객관적으로 보아 그 거래가액이 일반적이
고도 정상적인 교환가치를 적정하게 반영하여야 하고, 상속
당시와 거래일 사이에 가격의 변동이 없어야 함에도 상속개
시일과 상당한 시간적 간격과 기준시가 상승 등 적정한 교
환가치를 반영하였다 볼 수 없는 것으로 객관적 시가로 볼
수 없다.

참 / 고 / 문 / 헌

- 안수남, 「양도소득세 2019」, 광교이텍스(2019. 3.)
- 국토교통부 중앙토지수용위원회, 「2019 토지수용 업무편람」(2018. 12.)
- 정상태, 「공익사업을 위한 토지수용 갈등의 유형화와 해소방안에 관한 연구」(2018. 12.)
- 한국감정평가협회 · 한국감정원, 「감정평가실무기준 해설서(Ⅱ)」(2014)

참 / 고 / 사 / 이 / 트

- 국가법령정보센터(http://www.law.go.kr)
- 국세법령정보시스템(https://txsi.hometax.go.kr/docs/main.jsp)
- 헌법재판소(https://www.ccourt.go.kr/cckhome/kor/main/index.do)
- 국토교통부(http://www.molit.go.kr/portal.do)
- 국토교통부 중앙토지수용위원회(http://oclt.molit.go.kr/intro.do)
- 기획재정부(http://www.moef.go.kr)
- 국세청(https://www.nts.go.kr)

─────────── 저 자 소 개 ───────────

○세무사 이장원 ─────────

세무법인리치 본점 대표 세무사이다. 고려대학교 문과대학, 연세대학교 법무대학원 졸업했다(조세법 전공). KBS, EBS, SBS, YTN, tvN, MBN, 중앙일보, 동아일보, 매일경제, 한국경제, 서울경제 등 다수 언론사 방송 출연, 칼럼 집필 및 자문위원으로 활동하고 있다. 현재 한국세무사회 세무연수원 연수교수이자, 대한중소병원협회 · 대한의료법인연합회 · 대한노인요양병원협회 자문세무사이며, 한경 머니로드쇼 · 금융연수원 · 금융보안원 · KDI정책대학원 · GIST최고위과정 · 서초구청 · 경기도 의사회 외 다수 기관의 자산관리 및 세무 강의를 진행하고 있다.

유튜브 채널 "두꺼비TV 이장원 세무사" 및 블로그를 통해 대중의 눈높이에 맞춰 자산관리 및 세금 정보를 제공하고 있다.

● 유튜브: 두꺼비TV 이장원 세무사
● 블로그: https://blog.naver.com/tax963

○세무사 이성호 ─────────

세무법인리치 남부지점 대표 세무사이다. 고려대학교 법무대학원 조세법학과를 졸업했다(석사). 현재 한국세무사회 세무연수원 교수이며 조세금융신문 · 야놀자 트러스테이 등 세금 및 부동산 관련 칼럼 기고와 자문활동을 하고 있다. 롯데백화점 · 현대백화점 · 신세계백화점 외 다양한 기관에서 현장 맞춤 자산관리를 위한 세금 강의를 진행하고 있다. 대구광역시청 감사청구 심의위원, 한국세무사회 중소기업위원회 상임위원을 역임했다.

유튜브 채널 "절세미남 세무사tv이성호" 및 네이버 블로그를 통해 부동산 및 세금 정보를 제공하고 있다.

● 유튜브: 절세미남 세무사tv이성호
● 블로그: https://blog.naver.com/dublin7793

○감정평가사 김강산 ─────────

● (주)이화감정평가법인 대표 감정평가사
● 합격의법학원 감정평가이론 · 부동산학원론 전담교수
● 한성대학교 부동산학과
● 저서 「감정평가 총론」 등
● 유튜브 채널 "얼마니TV"를 통해 감정평가의 전반적인 정보를 제공하고 있다.